철학자의 색채사상

최재석 지음

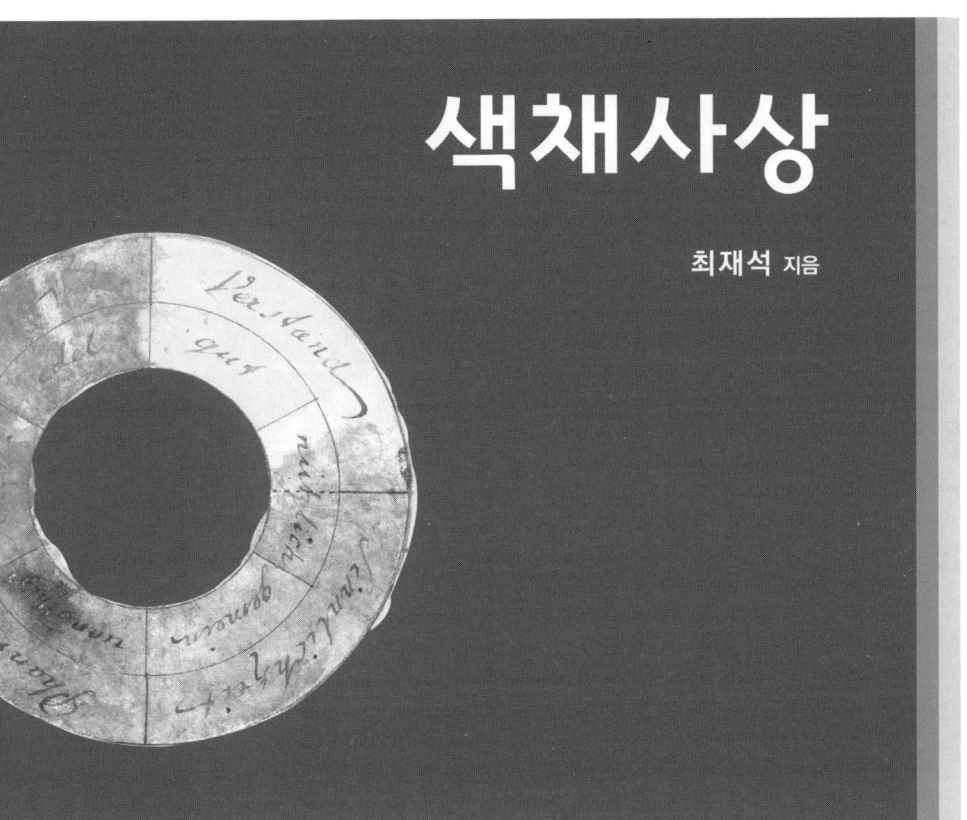

한음출판

차례

머리말 ‥5

1. 칸트 : 색채 인식의 다양성 ──── 11
    01. 칸트의 형성과 3대 비판서 개요 ‥13
    02. 초월론적 감성의 의미 ‥16
    03. 대상에 대한 인식의 생성과 판단 ‥19
    04. 색채 인식과 미감적 판단 ‥22
    05. 색채 인식의 다양성 ‥28

2. 괴테 : 철학자와 색채 탐구 ──── 41
    01. 괴테의 형성 ‥44
    02. 괴테의 예술적 성장 ‥45
    03. 괴테와 회화 ‥47
    04. 철학자와의 만남 ‥49
    05. 괴테의 『색채론』과 색채 생성 원리 ‥58

3. 헤겔 : 색채의 양극성과 이중 현상 ── 69
    01. 괴테와의 만남과 색채 인식 ‥71
    02. 뉴턴의 색채이론 비판과 괴테의 『색채론』 ‥72
    03. 『정신현상학』에 나타난 색채 인식 ‥74
    04. 「자연철학」에 나타난 색채 인식 ‥80

4. **쇼펜하우어** : 색채의 양극성과 색채 분수 ── **87**
    01. 괴테와의 만남과 색채에의 관심 ‥89
    02. 쇼펜하우어의 색채 인식 ‥91
    03. 『시각과 색채에 관해서』의 고찰 ‥95
    04. 쇼펜하우어의 색채사상 ‥100

5. **슈타이너** : 자아와 투영된 색채의 상(像) ── **107**
    01. 슈타이너의 사상적 배경과 인식 전환 ‥109
    02. 슈타이너의 인간에 대한 고차원적 인식 ‥112
    03. 슈타이너의 색채 인식 ‥118
    04. 슈타이너의 색상환과 투영된 상(像) ‥121

6. **비트겐슈타인** : 색채와 언어 사용 ──── **129**
    01. 비트겐슈타인의 형성과 색채 언어 ‥131
    02. 『논고』에 나타난 색채 언어 ‥134
    03. 『탐구』에 나타난 색채 언어 ‥139
    04. 『색채에 관한 소견들』에 나타난 색채 언어 ‥150

    맺음말 ‥157
    후기 ‥161
    참고문헌 및 주요 색채 관련 연구서 ‥163

머리말

아리스토텔레스 이후 '색채는 어떻게 만들어지는가'에 대해서 많은 논란이 있었다. 이런 논란을 잠재운 것이 뉴턴(I. Newton, 1642~1727)이 지은 『광학』[1](1704, 빛의 반사, 굴절 및 색채에 관한 서술)이다.

뉴턴은 빛을 프리즘에 통과시키면 일곱 가지 색이 만들어진다고 발표했다. 빛 안에 색이 있어 이를 분리시키면 색이 나타난다는 이론이다. 하지만 괴테(J. W. von Goethe, 1749~1832)의 등장으로 뉴턴의 이론은 논란에 휩싸였다. 뉴턴이 색채이론을 발표하고 100여년이 지난 1810년, 괴테는 『색채론』[2]이라는 저술을 통하여 뉴턴 이론을 전적으로 부정했다.

뉴턴은 페스트가 유행한 1666년 3월에서 6월 사이에 빛과 색채와의 관계를 집중적으로 실험했다. 뉴턴은 이 실험을 바탕으로 정리한 자료를 강의 자료(1669~1672)로 사용하고, 이어서 『광학』을 썼다. 뉴턴의 『광학』에 등장하는 색채이론은 오랫동안 색채 생성에 대한 믿음을 갖게 하였으나 괴테로 인해 비판받았다.

괴테는 『색채론』(교시편의 「서문」)에서, '뉴턴의 색채이론을 폭로한다.' 든가 '뉴턴의 색채이론은 낡아 빠진 성새(城塞)와 비교가 된다.'[3]라고 비난했다.

색채 생성에 대한 두 거장의 대립은 후세 연구자들로 하여금, '색채는 어떻게

---

1) ニュートン著, 『光學』, 島尾康 訳, 岩波文庫, 1983, p.56(Newton, I, 『Optics』, New York, 1979)
2) 괴테, 『색채론』, 장희창 역, 민음사, 2003/ゲーテ, 『色彩論』(ゲーテ全集·14), 木村直司 外訳, 潮出版社, 1997/ゲーテ著、『色彩論』(Ⅰ)教示編·論争編、高橋義人·前田富士男 訳, 工作舎, 1999/ Goethe, 『Goethe`s colour theory』, translated by Herb Arch, Studio Vista : London, 1971
3) 괴테, 『색채론』, 장희창 옮김, op cit., p.32/ゲーテ, 『色彩論』(ゲーテ全集·14), 木村直司 外訳, op cit., p.308

생성되는가.'에 더 많은 관심을 갖게 했다. 괴테 이후 많은 철학자 및 과학자들이 색채 생성 과정에 의문을 갖고 색채 생성에 대한 다양한 방법들이 실험되고 이론화되었다. 특히 철학자들이 색채를 물리적 현상을 넘어 인식의 대상으로 삼으면서 색채 생성에 대한 의문은 더욱 깊어져만 갔다.

뉴턴이 짧은 기간의 실험으로 '색채는 빛의 분리 현상'으로 결론을 낸 것에 반해, 괴테는 무려 20여년(1790~1810)에 걸쳐 심도있는 자연 관찰과 다양한 실험을 통해 색채는 어떻게 생성되는가에 심혈을 기울였다. 그 결과로 만들어진 책이 바로 『색채론』(1810)이다.

역설적이게도 뉴턴이 색채이론의 근간이 된 『광학』을 발표한 시기가 그의 나이 62세였고, 괴테가 뉴턴의 색채이론에 반기를 들고 저술한 『색채론』이 발간된 것도 뉴턴과 비슷한 나이인 61세였다. 여기서 '색채를 떠나서 세계를 인식할 수 있는 것은 아무것도 없다.'라는 색채 생성의 문제에 대한 두 거장의 고민을 읽을 수 있다. 괴테의 색채론에 가장 영향을 많이 받은 쇼펜하우어(A. Schopenhauer, 1788~1860)는 『시각과 색채에 관해서』(1816)라는 책의 서문에서 다음과 같이 말한다.

> 하지만 이 소논문은 어쨌든 철학에 몰입하는 독자에게 결코 헛되지 않을 것이다. 그렇다고 해도 색채의 주관적 본질에 관해서 충분한 지식을 습득함과 동시에, 이것을 명확히 확신하는 것은 우리들의 모든 지식의 주관적 지적 형성에 칸트 이론을 완전히 이해하는데 도움이 될 것이다. 따라서 이 소논문은 적절한 철학 입문서가 될 것이다.[4]

이와같이 철학자로만 알려진 쇼펜하우어도 색채에 관해서 많은 관심을 보였다. 에커만(J.P. Eckermann, 1792~1854)은 『괴테와의 대화』에서, 괴테는 칸트

---

4) ショーペンハウアー, 『視覚と色彩について』(ショーペンハウアー全集·1), 生松敬三 外 訳, 白水社, 1975, pp.215-216(저자 옮김)

(I. Kant, 1724~1804) 철학에 매료되었고 특히 노년에 칸트로부터 영향을 많이 받았다고 밝히고 있다.

> 레싱과 빙켈만, 그리고 칸트가 나보다 연장자였고 앞의 두 사람은 나의 청년 시절에 뒤의 한 사람은 나의 노년 시절에 영향을 주었다는 사실은 나에게 매우 커다란 의미를 가졌다.[5]

괴테가 언제 칸트의 『판단력비판』(1790)을 읽고 자신의 저서 『색채론』의 저술에 영향을 받았는지는 명확하지 않다. 하지만 괴테가 『색채론』을 집필하기 20여 년 전 이미 칸트의 『판단력비판』이 완결되었다. 괴테가 쓴 「근대철학의 영향」(1818)이라는 글에서 칸트 철학에 관심이 많았음을 알 수 있다.

> 그런데 이제 『판단력비판』이 내 수중에 들어왔다. 이 『판단력비판』으로 인해 나는 내 생애에서 아주 즐거운 시기를 맞이하게 되었다. 이 책 속에서 나는 내가 하고 있는, 서로 간에 아주 다른 일들이 병렬되어 있는 것을 보았다. 즉 예술의 산물들과 자연의 산물들이 동일하게 취급되어 있었고 미학적 판단력과 목적론적 판단력이 서로 교차되면서 밝혀지고 있다.[6]

괴테는 이어서 다음과 같이 밝히고 있다.

> 나 자신 내가 가야할 길이 어디로 통하고 있는지 알지 못했고 내가 내 것으로 만든 것과 그렇게 만든 방법이 칸트 학파 철학자들의 동의를 얻을 수 없었기 때문에 나는 내 갈 길을 서둘러 갔다. 왜냐하면, 나는 내 속에서 자극되어 일어나는 것에 대해

---

[5] 요한 피터 에커만, 『괴테와의 대화』(1), 장희창 옮김, 민음사, 2014, p. 221
[6] 괴테, 『색채론』, 장희창 옮김, op cit., pp.333-340/pp.343-345 괴테는 1817년에 「근대철학의 영향」과 「직관적 판단력」의 논문을, 그리고 1818년에 「형성충동」 논문을 발표했다. (ゲーテ, 『色彩論』(ゲーテ全集·14), op cit., pp.7-10/pp.468-469)

서만 이야기했고 내가 읽었던 것은 이야기하지 않았다. 오직 나 자신만을 의지해서 나는 틈틈이 이 책을 연구했다. 『판단력비판』에서 내가 그 당시 밑줄을 쳐놓았던 부분들과 마침내 정통한 것처럼 여겨지는 『순수이성비판』에 쳐놓은 밑줄은 아직도 나를 기쁘게 한다.[7]

괴테는 칸트의 철학을 접하기 이전 자신의 학문에 대해서 확신을 가지고 있었으나 칸트의 『순수이성비판』과 『판단력비판』을 읽고 감명을 받아 칸트에게 면담을 요청한 것으로 알려졌다. 하지만 칸트가 괴테의 면담을 거절했다는 유명한 일화도 전해지고 있다.[8] 특히 칸트 철학은 괴테에게 대상에 대한 시각적 경험 이상의 현상에 대한 관심, 즉 '우리의 인식 모두가 바로 경험으로부터 생겨나는 것은 아니다.'라는 초월론적 인식에 영향을 받아 원형현상(原形現像)의 개념을 생각하게 되었다. 괴테와의 대화(1827.4.27. 수요일)에서, 에커만은 괴테에게 근래의 철학자 중에서 누가 가장 뛰어나다고 생각하는지를 물어보았다.

> 단연코 칸트가 가장 뛰어나네, 그 학설이 지금까지 지속적으로 영향을 미치고 있음이 분명하고, 현대의 독일 문화에 가장 깊이 침투한 사람이니까. (생략) 그러나 언젠가 그의 책을 읽고 싶어진다면 그의 『판단력비판』을 권하고 싶네.[9]

칸트 철학의 영향인지는 몰라도 철학자들은 현상학, 생태학, 언어론, 초월론 등 대부분의 분야에서 색채라는 개념을 끌어들여 현상의 인식에 대한 문제를 고민했다. 이런 영향으로 현재에도 색채에 대한 관심은 크다고 할 수 있다. 특히 뉴턴보다 괴테의 영향을 받은 철학자로 헤겔(G.H.F. Hegel, 1770~1831), 쇼펜하우어

---

7) Ibid., p.336
8) '칸트는 나에게 조금도 관심을 기울이지 않았네, 나는 천성적으로 그와 비슷한 길을 가고 있지만 말일세.'라는 괴테의 글에서 짐작할 수 있다.(요한 피터 에커만, 『괴테와의 대화』(1), 장희창 옮김, op cit., p.352)
9) 요한 피터 에커만, 『괴테와의 대화』(1), 장희창 옮김, op cit., pp.351-352

(A. Schopenhauer, 1788~1860), 슈타이너(R. Steiner, 1861~1925), 비트겐슈타인(L. Wittgenstein, 1889~1951) 등을 들 수 있다. 이들은 괴테의 색채론을 바탕으로 색채를 철학적 위치까지 끌어올려 인식의 대상으로 삼았다. 특히 헤겔은 대상에 대한 의식의 지각에서 이항 대립적 요소, 예를 들면 빛과 어둠, 낮과 밤의 경계선상에 색채가 생성되는 현상으로 인식했다. 이를 의식과 이성, 그리고 초감각적 세계와 상호 관련지어 분석했다.

헤겔이 색채에 대해서 이성적인 사고를 가졌다면, 쇼펜하우어는 색채가 신체의 기능에 의해서 생기는 현상으로 보았다. 다시 말하면 색채를 눈이 만들어내는 현상으로 보았다. 슈타이너는 헤겔과 쇼펜하우어와는 달리, 색채를 자아의 문제와 투영된 상(像)으로 인식했다. 특히 비트겐슈타인은 우리들이 사용하고 있는 언어가 제대로 사용되고 있는지에 대한 논리적 전개과정에서 색채 언어를 도입했다. 비트겐슈타인 철학에서 색채는 언어 사용을 규정하는 단계에서 그림이론, 언어게임 그리고 현상학적 문제로 조금씩 변화하는 과정을 볼 수 있다.

이와 같이 색채 생성 및 색채 현상에 대한 철학자들의 관심은 앞으로도 지속될 것으로 보인다. 이 책은 색채에 관심이 많은 근대 서양철학자의 생각을 정리한 것이다. 그림이나 디자인, 그리고 색채 현상의 탐구에 도움이 되길 기대한다.

2019년 12월
저자

1

칸트

색채 인식의 다양성

01. 칸트의 형성과 3대 비판서 개요

1) 칸트의 형성과 시대적 배경

칸트(I. Kant, 1724~1804)는 1724년 동(東)프로이센의 쾨니히스베르크에서 아홉 형제 중 넷째로 태어났다. 13세에 모친이 22세에 부친이 작고했다. 칸트는 16세에 쾨니히스베르크 대학에 입학하여 라틴어, 철학, 수학, 자연과학 등 다양한 학문 분야를 접할 수 있었으나 생활고로 가정교사로 일하면서 31세에 박사학위를 취득했다. 학위취득 후 개인강사로 일하다가 왕립도서관 사서로 취직했다.

칸트는 45세가 되던 1769년에 예나(Jena)대학으로부터 교수 자리를 제안받았지만 살던 고향을 떠나기 싫다는 이유로 교수직 요청을 거절했다. 하지만 이듬해인 1770년 모교 쾨니히스베르크 대학에서 정교수 자리를 얻어 평생 독신으로 살다가 80세를 두 달 앞두고 작고했다.

칸트가 활동하던 유럽은 중세의 영향에서 벗어나 영국을 중심으로 기술발전이 급속히 진행되던 시기였다. 영국의 이런 변화에도 불구하고 독일에서는 경제 발전보다 철학이나 문학 분야에 관심을 갖도록 하여 합리적이고 이성적인 사고에 눈을 돌리도록 했다. 이런 배경으로 칸트라는 철학자가 탄생하게 되었다. 칸트는 현실과 이상 세계에 대한 간극을 극복하기보다 '인간은 무엇인가.'라는 본질에 무게를 두고, 인간은 무엇을 알 수 있고 어떻게 해야 하는지를 숙고했다.

2) 칸트의 이념 : 인간 이성

백종현은 『인간이란 무엇인가』(2019)에서, '칸트 이전의 모든 사상은 칸트에 모여 있고 칸트 이후의 모든 사상은 칸트로부터 흘러나왔다.'라고 단정지어 논했다.

> 인간에게는 오직 인간 앞에 있는 것, 곧 현상이 있을 따름이며, 그러니까 인간에게 있는 것이란 인간과 마주해 있는 것, 곧 대상이 있을 따름이다. 대상이 대상인 것은 그를 맞는 자, 곧 객(客)을 마주하는 주(主)가 있기 때문에, 이제 대상을 맞는 인간이야말로 진정한 주체, 즉 주관인 것이다.[10]

칸트는 3대 비판서[11]에서 자연이나 신이 아닌 인간의 위치에서, '나는 무엇을 알 수 있고, 무엇을 해야만 하는지, 그리고 무엇을 희망해도 좋은지[12]'에 대한 문제를 다루었다. 칸트의 이런 인간 이성의 이념은 화가 고갱(Paul Gauguin, 1848~1903)에게도 영향을 주어 고갱의 마지막 작품의 주제이자 유언[13]이 되기도 했다. 이와 비슷한 주제는 많은 예술가들에 의해 자아의 발견, 존재에 대한 이유에 대한 반성의 의미로 쓰였다. 여기서 칸트는 '알 수 있는 것(지성)'과 '해야 하는 것(이성)'에 대한 반성의 계기로, 이 두 이념—지성에 대한 인식 능력과 이성의 도덕적 판단—을 묶어 통합 의미를 갖는 감성(무엇을 희망해도 좋은가.)으로 귀결시켰다.

따라서 칸트는 이런 인식 과정에서 형식적 체계를 세우고 상상력을 발휘하여

---

10) 백종현, 『인간이란 무엇인가』, 아카넷, 2019, p.64
11) 여기서 3대 비판서란 칸트의 『순수이성비판』(1781), 『실천이성비판』(1788), 『판단력 비판』(1790)을 말한다.
12) 임마누엘 칸트, 『순수이성비판』(1), 백종현 옮김, 아카넷, 2009, p.21
13) 고갱의 그림 주제는 '우리는 어디서 와서 어디로 가고 있는가.'였다.

미감적[14] 쾌감을 얻기 위해서는 지성이나 이성 어느 한쪽만으로는 불가능하다고 판단하여, 이에 대한 인식의 판단 근거를 찾고자 『판단력비판』[15]을 저술했다. 아래의 표 내용은 『판단력비판』을 중심으로 3대 비판서에 나타난 개념 상호간의 관계를 나타낸 것이다.

인식능력 상호간의 관계[16]

마음의 능력	인식능력	선험적 원리	적용 대상	개념 구분	3 비판서
인식 능력 나는 무엇을 알 수 있는가	지성	합법칙성 (인식 판단)	내용 (자연재료¹)	이론 이성	『순수이성비판』
미적 감성(쾌·불쾌) 나는 무엇을 희망해도 좋은가	감성 (지성+이성)	합목적성 (취미 판단)	예술	미감적 판단	『판단력비판』
욕구 능력 나는 무엇을 해야만 하는가	이성	도덕성 (도덕 판단)	형식²	실천 이성	『실천이성비판』

1. 이 말은 소재, 재료, 질료, 내용, 대상, 물(자체) 등으로 다양하게 쓰이고 있다.
2. 이 말은 자유 혹은 상상력이라는 개념으로도 쓰이고 있다. 여기서는 형식을 취한다.

---

14) 일반적으로 사용되고 있는 미적(美的)이라는 말은 독일어 ästhetisch를 번역한 것으로, 미(직감)적(美(直感)的), 미학적(美学的), 미감적(美感的) 등 다양하게 쓰이고 있다.(宇都宮芳明 訳, pp.449-450). 또한 ästhetisch란 말은 미(美)에만 국한된 것이 아니라 숭고 내지 쾌를 판단하는 의미로도 쓰이고 정감적(情感的)으로 해석하는 연구자도 있다(渡辺二郎,『芸術の哲学』, ちくま学 芸文庫, 2007, pp.371-372), 여기서는『판단력비판』(이석윤 역, p.57)에서 사용한 미(직감)적(美(直感)的)이라는 의미에 따른다.
15) カント,『判斷力批判』(上·下), 宇都宮芳明 訳, 以文社, 1994/칸트,『판단력비판』, 이석윤 역, 박영사, 1996/임마누엘 칸트,『순수이성비판』(1·2), 백종현 옮김, 아카넷, 2009
16) 백종현,「인간이란 무엇인가』, op cit., p.225(칸트,『판단력비판』, 이석윤 역, 박영사, 1996/임마누엘 칸트,『판단력비판』(1·2), 백종현 옮김, 아카넷, 2009)에서 재구성)

02. 초월론적 감성의 의미

칸트는 『순수이성비판』의 「초월론적 감성학」에서 다음과 같이 논하였다.

> 가령 색깔, 맛 따위는 당연히 사물들의 성질이 아니라, 우리 주관의 한낱 변양(變樣)으로 그것도 사람마다 각기 다른 변양으로 여겨지는 탓에 말이다. 왜냐하면 이 경우에 본래 그 자체로 단지 현상인 것, 예컨대 한 송이 장미는 경험적 의미에서 사물 그 자체로—그것이 색깔의 면에서 각자의 눈에 다르게 현상하더라도—통용된다.[17]

칸트는 색채가 사람들에게 서로 다른 주관에 의해서 감각적으로 그 자체를 느끼게 하는 것이지 어떤 객관에 기초한 선험적 표상은 아니라고 보았다. 한 예로, 장미는 경험적 의미에서 그 자체로 인식되지만 장미의 색깔은 사람들의 눈에 따라 서로 다른 모습으로 지각된다는 점이다. 다시 말하면 색채가 감각의 성질로서 지각되는 반면, 장미 그 자체가 주어진 공간은 감각보다 선험적 직관내지 주관에 해당한다.

따라서 칸트는 감각적 한계를 넘어 초감성적 영역으로 확장하기 위해서는 경험으로부터 독립해서 순수한 이성에 근거한 인식의 원천은 어디에 있고, 인식 가능한 범위는 어느 정도인지, 그리고 인간 자신의 인식 한계를 규정하는 것이 가능한지 고민했다. 이것은 대상에 대한 경험만으로 인식하기 어렵다는 의미이다. 왜냐하면 우리가 경험하는 대상은 언제나 시간이나 공간이라는 틀 안에 존재하기 때문에 이런 초월론적 형식, 즉 관념론적 형식에 해당하는 시간과 공간에 대한 이해가 필요하다.

---

17) 임마누엘 칸트, 『순수이성비판』(1), 백종현 옮김, op cit., p.250

1) 외적 대상의 형식으로서의 공간

우리가 보고 느끼는 대상(자연)은 감성이라는 형식으로 인식이 가능하지만 정작 대상이 존재하는 공간은 외적 현상의 가장 밑바닥에 필연적으로 존재하는 선험적 표상으로 주관적 형식에 해당한다.

예를 들면 장미(대상)라는 자연재료에서 촉발된 장미의 인상—빨갛다, 희다, 붉은 빛을 띤다, 향기롭다 등—은 장미의 표상으로 인해 생긴 감각들이다. 이런 감각을 받아들이는 방법이 직관이다. 다시 말하면 장미에서 풍기는 인상들(감각들)에만 의존할 경우에 나타나는 표상, 즉 장미의 색깔, 향기, 성질 등의 외적 표상을 모두 제거하면 장미가 있던 자리에는 공간밖에 남지 않는다. 따라서 공간은 주관의 직관적 형식이다.

'이 장미'라고 하는 것은 공간 안에서 내가 갖는 표상, 즉 현상에 지나지 않는다. 장미가 빨갛다, 노랗다, 향기롭다로 인식되는 것은, 이런 감각들이 내 안에서 작용하여 그렇게 보일뿐(현상할뿐)이다. 왜냐하면 우리는 공간이라고 하는 형식에서만 직관할 수 있기 때문이다.[18]

따라서 칸트는 우리가 인식하는 대상은 장미라는 물자체[19]에 있지 않고 장미에서 풍기는 현상, 즉 색깔, 향기, 촉감 등이다. 다시 말하면 장미 그 자체는 인식할 수 없고 장미에서 풍기는 현상만을 인식할 수 있다. 하지만 이런 칸트의 이원론적 인식(물자체와 현상에 대한 인식)에 쇼펜하우어는 부정적이었다.

예를 들면, 책상 위에 장미가 한송이 있다고 하자. 이 장미의 색채, 향기, 둥그런

---

18) W.O. 되어링, 『칸트철학입문』, 김용정 옮김, 도서출판 중원문화, 2012, 3~4절
19) 물자체(物自體)는 현상과 대비되는 칸트의 중심 개념으로, 현상으로서의 물(物)이 아닌 그 자체로서 존재하는 것을 말한다. '대상 자체는 인간의 마음대로 규정할 수 없는 물자체이므로, 인간은 그것을 그의 감각으로도 이성으로도 완전히 파악할 수 없다.'(랄프 루드비히, 『순수이성비판』, 박중목 옮김, 이학사, 2008, p.47)

모양, 그리고 꽃잎의 부드러움 등은 우리에게 다양한 감각을 낳게 한다. 하지만 장미의 현상은 우리의 외부에 존재하는 어떤 것으로, 내가 장미를 보지 않았을 때도 장미는 존재하는 것일까 생각해볼 수 있다. 결론적으로 장미의 현상, 색깔, 향기 등은 존재하지 않는다. 왜냐하면 장미 자체가 아니라 장미에서 발하는 현상들은 순수하게, 이를 본 사람들의 시간과 공간 안에서 주관성이 개입되기 때문이다.

장미의 현상과 마찬가지로 장미가 위치하는 공간은 물자체가 아니라 우리들이 느끼는 표상에 불과하다. 여기서 표상은 우리가 갖는 경험으로부터 생겨나기 때문에 외감(外感)의 형식(이를 공간적 형식이라고도 함)을 전제로 하고 있다. 따라서 우리에게 인식되는 것은 모두 공간적 형식으로 현상되고 있다.

2) 내적 대상의 형식으로서의 시간

우리가 인식하는 모든 자연재료는 외감의 형식인 공간 안에서 표상되는 것으로 이해했다. 이에 대해 우리 안(마음 자체)에서 감각작용이 일어나는 경우를 내감이라 한다. 마음 자체의 직관을 우리에게 부여하는데 이런 마음의 상태가 표상이다. 이것은 경험을 통해서 촉발되는 것이 아니라 선험적으로 이루어지는 것이다.

예를 들면 '이 장미는 빨갛다'라고 할 경우에, '이 장미'를 본 순간, 즉 장미를 본 시간 속에서 생각하고 감정을 유발한다. 바꿔 말하면 시간을 제거하면 장미에 대한 직관도 사라져 감정을 유발시키지 못한다. 따라서 시간은 마음의 상태, 즉 내적 직관의 형식이다. 이런 측면에서 보면 시간도 공간과 마찬가지로 자연재료에 속하는 물자체가 아니라 선험적 표상에 해당한다.

뉴턴의 공간과 시간에 대한 해석은 실재하는 것을 의미하지만 칸트의 공간과 시간에 대한 인식은 주관의 감성적 형식, 즉 현상을 의미한다. 바꿔 말하면 인간의 인식 방식에 달려있는 것, 즉 관념에 해당한다. 공간과 시간 자체도 이에 해당

한다. 따라서 칸트는 존재하는 것은 한낱 표상이요, 현상일 따름이라고 했다.[20]

칸트는 대상을 규정하고 지각하는 것, 즉 대상에 대한 현상만을 인정하고, 대상 자체, 즉 물자체는 인식의 대상에서 제외시켰다.

03. 대상에 대한 인식의 생성과 판단

칸트는 인간의 지식은 오로지 감성 세계의 대상에 관해서만 가능하다고 보았다. 인간의 지식은 무엇인가 주어진 것, 그것이 무엇인지 어떻게 있는지를 개념적으로 파악함인데, 인간에게 무엇인가가 주어지는 유일한 통로는 감각기관이기에 그렇다 한다. 이제부터는 지식이라는 말 대신에 인식이라는 말도 자주 사용할 것이다.[21]

칸트는 이와같이 세계에 대한 인식의 시작은 감각으로부터 얻은 내용(자연재료)을 지적 능력(지성)으로 인식하는 단계를 거쳐, 감각 이상의 경험적 원리(초월론적 원리)를 찾고자 했으나 그것이 어렵다는 것을 인식했다. 이런 칸트의 대상에 대한 인식 판단의 전환은 다음의 글에서도 알 수 있다.

지금까지 관찰되었던 것과는 다른 종류의 선험적 원리를 발견하였습니다. 심성 능력(마음 능력이라고도 함)에는 세 가지가 있습니다. 인식 능력, 쾌·불쾌를 감정하는 능력, 그리고 욕구 능력이 그것입니다. 나는 『순수이성비판』에서는 이들 중 첫 번째 것에 대한 선험적 원리들을, 그리고 『실천이성비판』에서는 세 번째 것에 대한 선험적 원리를 발견한 바 있습니다. 나는 두 번째 것에 대한 원리들도 찾아내고자 하였습니

---

20) 백종현, 『인간이란 무엇인가』, op cit., pp.95-96
21) Ibid., p.85

다. (생략) 따라서 이제 나는 각각 그 나름의 선험적 원리를 가지고 있고 일일이 열거될 수 있으며, 또한 거기에 기초한 인식을 우리가 정확하게 구획지을 수 있는 철학의 세 분야가 있습니다. 그것은 이론 철학, 목적론, 그리고 실천 철학입니다.[22]

    칸트는 『판단력비판』에서, 미와 숭고에 대한 판단(취미판단)뿐만 아니라 자연현상을 판단하는 목적론적 판단까지 확장하여, 앞서 논리를 폈던 2대 비판서에 대한 이론적 한계, 즉 지성과 이성을 따로 구분하여 세계를 인식하는 것에 대한 한계를 극복하고자 했다.

    모든 인식에는 내용(자연재료)과 형식이 주어지는데 자연재료는 인식되는 것이고 감각에 부여된다. 이에 반해 형식은 자연재료를 인식하는 방법을 말한다. 인간은 감각기관을 통하여 자연재료를 보고 그 대상에 대한 개념, 즉 형식을 부여한다.

    예를 들면 '장미는 빨갛다'라고 생각할 경우에 장미는 주어진 개념으로 물자체(즉 자연재료)에 해당하지만, 빨갛다라는 것은 장미라는 대상에 형식을 부여한다. 이런 감각기관에 의한 대상의 판단 이외에 또 다른 판단은 없는 것인가 생각해 본다. 자연에서 주어진 대상과 이 주어진 대상을 나한테로 가져와 내적인 것으로 존재하게 한다.

    하나 더 예를 들면, 여기에 돌이 하나 있다고 하자. 이 돌은 단순한 자연재료에 불과하지만 조각가가 이 돌을 보고 자신의 머릿속에 가져오는 순간 다양한 아이디어가 떠오른다. 다시 말하면 조각가의 아이디어가 돌이라는 자연재료(물자체)에 작용함으로써(형식을 갖게 함으로써) 시각적 대상으로서 돌이라는 자연재료를 새롭게 인식한다. 따라서 우리가 인식을 가능하게 하는 것은 다음의 두 가지로 구분할 수 있다. 첫 번째는 우리에게 인상을 주는 외부 자연에 있는 다양한 소

---

22) 이 글은 칸트가 라인홀트(K.L.Reinhold)에게 보낸 편지(1787.12.31) 내용 중 일부이다. D.W.크로포드의 『칸트미학이론』, 김문환 옮김, 서광사, 2003, p.33에서 재인용(Donald W. Crawford, 『Kant`s aesthetic theory』, University of Wisconsin Press, 1974 참조)

재들, 즉 자연재료들이라 할 수 있고, 두 번째는 외부의 자연재료들로부터 영향을 받아 촉발되는 우리 안에 있는 인식 능력들(형식들)이다.

우리는 장미를 보는 순간 눈, 코, 손 등의 신체적 기관(감각기관)을 통하여 인식한다. 하지만 장미는 우리가 장미를 보기 이전에 이미 장미라는 개념으로 결합되어 있다. 이와 같은 개념들의 결합을 지성이라 한다. 지성은 자연재료에 대한 합법칙성을 갖도록 하는 개념들이다.

장미라는 개념이 빨갛다 등과 같은 색채 언어로 결합되어 표현되는 경우에는 우리 안에 있는 인식 능력이 작용한 것으로 지성을 넘어 감성을 발휘한다. 자연재료로부터 촉발된 인식 판단(지성이나 감성) 이외에 또 다른 판단이 있다. 예를 들면 '장미는 아름답다'라고 할 경우에 '아름답다'라는 개념은 감각기관으로 판단되는 것이 아니라 취미 판단(쾌·불쾌의 감정에 따른 판단, 즉 미감적 판단)으로 해석된다.

이것은 시각 재료(장미 꽃)를 빨갛다라고 하는 인식 판단과 달리 아름답다를 객관적으로 판단하는 근거는 없다. 따라서 아름답다라는 개별 인식을 보편적 인식으로 판단되기 위해서는 다른 사람들도 같은 인식을 가져야 한다는 것이다. 칸트는 이를 다음과 같이 논한다.

> 판단력의 원리는 경험적 법칙들 일반 아래에 있는 자연 사물들의 형식에서 볼 때, 곧 다양한 자연의 합목적성이다. 다시 말해서 자연은 이 개념에 의해서 마치 하나의 지성이 그 경험적 법칙들의 다양성을 통일하는 근거를 포함하고 있는 것처럼 표상된다.[23]

칸트는 대상에 대한 인식에서 자연재료 자체는 인식할 수 없지만 자연재료로 촉발되는 다양한 인식, 예를 들면 빨갛다와 아름답다라고 판단하는 인식은 서로 다르다.

---

23) D.W.크로포드의 『칸트미학이론』, op cit., p.43에서 재인용

04. 색채 인식과 미감적 판단

1) 대상에 대한 색채 인식

칸트는 대상에 대한 색채는 경험하는 주체의 상태 변양이기 때문에 그 자체로는 대상들에 대한 객관적인 인식을 산출할 수 없어 항상 주관적이고 개별적이라 하였다. 여기에서 주관적이라는 말은 색채를 보는 사람들에 따라서 다르게 인식되는 것을 말한다.

예컨대 장미의 빨간색 그 자체는 색채의 면에서 각자의 눈에 따라 다르게 현상되듯이, 같은 장미꽃을 보더라도 관찰자에 따라 그 꽃에서 갖는 것과 아주 똑같은 감각을 갖는다고는 확신할 수 없다. 즉 객관적이지 않다. 이와 같이 대상에 대한 인식에서 형식이 갖는 역할은 분명하지만 대상에 대한 내용, 즉 색채는 경험적 의미에서 주관에 영향을 주고 있다는 것을 알 수 있다.

『판단력비판』의 32절[24]에서, '이 꽃은 아름답다'라고 단정 짓는 것은 꽃을 쾌의 인식으로 전제한다. 하지만 꽃의 색깔과 달리 꽃의 향기는 모든 사람들의 기대와 다를 수도 있다. 예를 들면 '이 꽃'의 향기는 어떤 사람을 즐겁게도 하지만 다른 사람에게는 두통을 일으킬 수 있다. 7절[25]에서는 '어떤 사람에게 보라색은 부드럽고 호감이 가는 색채지만, 또 다른 사람에게는 칙칙하고 생기가 없게 느껴지는 색채로 보일 수도 있다.'는 것이다.

여기서 알 수 있듯이 칸트는 색채를 객관적이고 개념에 의존하지 않는 각 개인의 주관적인 측면에서 본다. 또한 『판단력비판』의 14절에서는 시각예술이 질료(

---

24) 칸트, 『판단력비판』, 이석윤 역, op cit., pp.300-303(임마누엘 칸트, 『판단력비판』(1·2), 백종현 옮김, op cit., pp.154-157 참조)
25) Ibid., pp.204-206(Ibid., p.68 참조)

내용)로서의 색채가 경험적 판단을 넘어 형식을 갖는 아름다운 것이 되지 못하는 이유에 대해서 명확하게 지적하였다.

> 회화 (생략), 그것이 미감적 예술인 한, 본질적인 것은 도안(데생을 의미함)이다. 그리고 도안에 있어서 취미에 맞는 일체의 구도의 기초를 결정하는 것은 감각에 즐거움을 주는 것이라기보다 단지 그 형식에 의해서 만족을 주는 것이라고 하겠다. 윤곽을 덧칠하는 색채는 자극에 속한다. 이러한 색채는 과연 감각에 대하여 대상 자체를 생생하게 하고 그것을 관조할만한 가치가 있도록 아름답게 해주지는 못한다.[26]

여기서 칸트는 회화에 있어서, 데생(도안)이 미감적 판단을 내리는 본질적인 형식임을 주장했다. 데생이 감각에 의해 만족을 주는 것이 아니라 그 형식을 통해 데생 위에 칠해진 2차적인 색채가 미감적 판단의 대상이 된다는 사실, 다시 말하면 데생이라는 형식에 근거하지 않는 색채만으로는 매력적인 질료가 될 수 없다는 것을 강조하고 있다. 그렇다면 순수한 색채만으로는 미감적 판단의 대상이 될 수 없다는 것인지 살펴본다.

근대기에 데생 없이(?) 다양한 색채를 직관적으로 사용하여 표현하는 화가로 잭슨 폴록(P. Jackson Pollock, 1912~1956), 마크 로스코(Mark Rothko, 1903~1970) 등을 들 수 있다. 그렇다면 이들의 작품에는 무언가의 자극이나 매력이 없다는 것인가라는 의문을 갖게 한다. 다만 다음과 같은 경우에는 색채나 음향도 미감적 대상으로 인정할 수 있다.

> 오히려 그것은 색채와 음향이 다만 이 형식을 더욱 엄밀하게 또 더욱 명확하고 더 안전하게 직관할 수 있도록 하며, 또 그 위에 대상 그 자체에 대하여 (우리의) 주의를

---

[26] Donald W.Crawford, 『Kant`s aesthetic theory』, op cit., pp.98-99(D.W.크로포드, 『칸트미학이론』, op.cit., p.150 참조) 칸트, 『판단력비판』, 이석윤 역, op cit., pp.84-85. 칸트의 개념이 역자에 따라 용어의 해석이 조금씩 다른 것을 알 수 있다.

환기하고 지속시킴으로써, 그것들이 가지는 자극에 의하여 표상을 생생하게 해주기 때문이라고 함을 의미하는 것이다.[27]

이와같이 색채가 미감적 대상의 일부로 인정받기 위해서는 색채 자체가 일정한 형식을 갖는 것이고, 또한 색채가 감동을 주고 있다면 이는 미감적 판단이라기 보다는 또 다른 인식 판단에 해당한다.

2) 색채의 형식적 규정

칸트는 색채는 단순한 감각으로 대상의 미에 대해서 아무것도 덧붙이지 않고 그것에 기여하지도 않는다고 보았다. 따라서 색채를 아름답다라는 판정은 내릴 수 없다는 것이다. 하지만 색채가 다양한 형식적 규정들에 따른다면 아름답다라는 판정을 내릴 수 있다고 보았다.

> 색채와 음악은 한갓된 감각이 아니라, 이미 감각의 다양성의 통일이라는 형식적인 규정일 것이며, 또 그러고 보면 색채와 음악은 그 자체로서도 미라고 생각할 수 있을 것이다.[28]

색채의 단순한 감각으로부터 얻는 쾌는 미적 쾌와 달리 오로지 개인적인 만족만을 갖는 유희에 불과하다. 따라서 '음악과 색채 예술은 쾌적한 감각들의 유희라는 가정에 근거해서, 칸트는 엄격히 말해서 그것들은 예술이 아니라는 결론이다.'[29]
이런 색채에 대한 감각적 판단은 『판단력비판』의 14절(실제 사례에 의한 해

---

27) 칸트, 『판단력비판』, 이석윤 역, op cit., p.85
28) Ibid., p.84
29) D.W.크로포드, 『칸트미학이론』, op.cit., p.165

명)³⁰⁾에 실려 있다. 여기서 칸트는 대상에 대한 판단을 경험적 판단과 순수 판단으로 구분짓고 경험적 판단은 대상에 대해 쾌·불쾌의 단순한 감각적 판단으로 앞에서 논한 것과 같이 색채 감각에 해당한다.

하지만 순수 판단은 그런 것(쾌·불쾌의 단순한 감각적 판단)에 관하여 미적 형식을 갖는 취미판단으로 간주되고 있다. 따라서 색채가 감각의 단순한 경험적 일부로 인식되어 '색채는 단순한 감각인가.'라는 판단에 의문을 갖게 한다. 칸트는 3절에서 색채를 다음과 같이 설명하고 있다.

> 초원의 녹색은 감관(感官) 대상의 지각으로서 객관적 감각에 속하지만, 그러나 이 색채의 쾌적함은 대상을 표상시켜주지 못하는 주관적 감각에, 다시 말하면 감정에 속하며 이 감정을 통해서 대상은 만족(이것은 대상의 인식이 아니다)의 객체로 간주되는 것이다.³¹⁾

여기서 '초원의 녹색'에 대한 판단에는 양면성이 있는데, 하나는 자연에 나타나는 그 자체로서의 녹색이라는 객관성을 갖는 것이고, 또 다른 하나는 그 녹색을 보고 쾌·불쾌라는 감정이 들어간 경우의 주관성에 관한 것이다. 이와같이 색채에 대한 쾌·불쾌의 주관적인 감정은 앞의 7절에서 설명했다. 다시 말하면 하나의 색채가 사람에 따라서 다르게 인식된다는 점이다. 색채 인식은 주관적인 측면에서 보면 다양하여, 색채는 쾌·불쾌의 판단이 되기도 한다.

칸트는 『판단력비판』의 1절에서 '어떤 것이 아름다운가 아름답지 않은가를 판단하는 우리의 인식을 위하여 그 표상을 지성에 의해서 객체에 관련시키는 것이 아니라, 그 표상을 구상력에 의해서 주관과 주관의 쾌·불쾌의 감정에 관련시키

---

30) 임마누엘 칸트, 『판단력비판』, 백종현 옮김, op cit., pp.219-223(칸트, 『판단력비판』, 이석윤 역, op cit., pp.82-86 참조)
31) 칸트, 『판단력비판』, 이석윤 역, op cit., p.61

는 것이다.'[32]라고 하였다. 이와같이 감정의 생성은 감각의 구체적인 기관을 통하여 나타나는 것으로, 54절(주해)에서 신체성에 대하여 다음과 같이 논했다.

> 표상은 신체에 미치는 영향과 그 반대로 신체가 끼치는 작용도 있음을 알 수 있다. 게다가 그것은 표상이 객관적으로 만족의 대상인 경우에 한하지 않고(왜냐하면, 배반된 기대를 어떻게 만족시킬 수 있겠는가) 오로지 이러한 전화(轉化)가 여러 대상의 단순한 유희로써 신체에 있어서 생명력의 균형을 만들어내는 것에 의한다.[33]

예를 들면, '저 장미는 빨갛다'라든가 '저 초원은 녹색이다'라고 말하는 것과 같이 시각으로 대상을 지각하고 판단을 내리는 것을 의미한다. 구체적으로 어떤 꽃을 보고 꽃의 기관을 상세하게 모르더라도 '저 꽃은 아름답다'라고 판단을 내릴 수 있는 것과 같은 것이다.

이와같이 장미의 아름다움에 대한 감정은 쾌의 감정으로 규정하지 않는다. 즉 쾌·불쾌 이상의 감정—'무엇 무엇을 위해 좋다.'라는 의미를 갖는 유용성이고, 다른 하나는 '그 자체가 이상적이다.'라는 의미를 갖는 도덕성—을 말한다. 색채도 이런 대상에 대한 형식을 갖는다.

3) 색채 인식과 신체 기능

어떤 대상에 있어서의 쾌·불쾌의 판단(취미판단)에 색채라는 감각이 관련되어 있는지 없는지 살펴본다. 『판단력비판』의 51절에서, 칸트는 다음과 같이 논하였다.

---

32) Ibid., p.57
33) Ibid., p.218

> 어떤 색채나 음(음향)이 한낱 쾌적한 감각들인지 아니면 그 자체로 이미 감각들의 유희인지, 그리고 그것이 그러한 미적 유희로서 미감적 판정에서 형식에 대한 흡족함을 동반하는 것인지 어떤지를 확실하게 말할 수는 없다. (생략) 그러니까 색채와 음들에서 그것들 구성의 미가 아니라 단지 쾌적함이 결합되어 있다고 믿어야 할 것이다.[34]

색채가 '쾌적한 감각'을 넘어 '아름다운 유희'의 감각으로서의 형식을 동반하는 것은 불가능한가에 의문을 갖는다. 이와 같이 쾌의 감정은 신체의 균형과 관련이 있음을 알 수 있다. 딜타이(W. Dithey, 1833~1911)는 그의 저서에서 칸트의 감정 인식과 다른 견해를 보이고 있다.

> 외적 세계는 감각에 의해 우리들에게 매개되어 있고 감각은 신경계와 연결되어 있다. (생략) 감각의 본성, 감각 조직의 매체는 감각 에너지다. 감각 에너지란 무엇인가? 그것은 나의 감각 신경의 기능이며, 그 기능에 의해 감각 에너지는 질(質)의 일정한 영역을 파악하거나 산출하고 있다.[35]

칸트는 시각적인 판단에만 의존하는 색채가 쾌나 불쾌의 감정을 일으키는 수단으로 인식했다. 딜타이는 칸트와 달리 색채를 헤겔적 상위의 개념으로 인식했다는 점이다. 다시 말하면 딜타이는 색채를 쾌·불쾌의 감정을 불러일으키는 일은 없다고 봤다.

> 이것들의 에테르 운동이 우리들에게 작용하고 그 운동은 눈에 의해 합성되며 이것으로 눈에서 생기는 지각상(知覺像)이 우리들에게 대상의 상태를 전달한다. (생략) 망막 위에 상(像)이 생기고 이것이 빛을 발하는 물체의 위치에 대한 정보를 제공한다. 여기에 상이 있다. 따라서 망막도 다양한 색채 감각의 능력을 갖는다.[36]

---

34) 임마누엘 칸트, 『판단력비판』, 백종현 옮김, op cit., p.363
35) ディルタイ, 『論理學·心理學論集』(ディルタイ全集 第3卷), 法政大學出版局, 2003
36) Ibid., pp.78-80 (저자 옮김)

딜타이는 눈의 망막에서 지각된 영상에 따라 망막은 다양한 시각적 감각을 판단하므로 신체로서의 망막이 기능적 역할로써 색채를 판단한다고 봤다. 이런 딜타이의 색채 인식은 괴테의 영향처럼 보인다.

물론 빛은 존재하고 색채는 우리를 둘러싸고 있네. 하지만 자신의 눈 속에 빛과 색채를 가지고 있지 않다면 우리는 외부 세계의 빛과 색채도 알아보지 못하겠지.[37]

다음은 『판단력비판』에 나타난 색채 인식을 몇 가지 주제로 분류하여 살펴보고자 한다.

05. 색채 인식의 다양성

1) 구상력과 색채의 미감적 판단

크로포드는 칸트의 『순수이성비판』의 내용을 다음과 같이 기술하고 있다.

현상들의 다양이 하나의 대상으로 경험될 수 있기 위해서는 경험의 내용들은 좀 더 통일(unity)되지 않으면 안된다. 현상들의 다양성(감각의 직관들)은 대상의 개념 안에서 통일되어야 한다. (생략) 우리는 다양을 하나의 통일체로 볼 수 있어야 하는데, 칸트는 이에 대해 종합(synthesis)을 요구하고 있다. 종합이란 여러 표상들을 한데로 합쳐서 다양한 내용을 하나의 인식 속에 총괄하는 것을 말한다.[38]

---

37) 요한 피터 에커만, 『괴테와의 대화』(1), 장희창 옮김, op cit., p.133
38) D.W.크로포드, 『칸트미학이론』, op cit., p.127(임마누엘 칸트, 『순수이성비판』(1), 백종현 옮

여기서 '종합'이란 다양한 표상을 서로 겹쳐 하나의 인식으로 파악, 조합하는 것을 말한다. 즉 종합화하는 능력이 구상력이다. 예를 들면, 『판단력비판』이전의 『순수이성비판』에서 보여준 형식, 도식, 개념 그리고 카테고리는 경험의 대상을 지각하고, 이것들의 인식을 창출해내기 위해서 적용되는 방식을 명확하게 하는 요소로 다양함을 하나로 인식하는 과정을 말한다. 이와 같은 견해는 대상 자체가 없어도 그 대상을 직관 내에 표상할 수 있는 능력으로, 『판단력비판』에서의 인식 능력과 다른 접근이다.

『판단력비판』에서의 구상력은 주어진 대상에 직관을 개입시켜 다양한 인식을 합성하고, 이를 지성의 개념으로 다양성 통일이 추구될 때 언제나 생겨난다. 따라서 구상력은 감관을 통해 외부로부터 받은 자극을 감성과 지성을 매개로 하여 종합하는 인식 능력을 말한다. 이런 매개작용으로 도식이나 상징이 창출되고 미감적 이념을 낳게 한다.

> 어떤 사람이 이제까지 천 명의 성인 남성을 보았다고 하자. 여기서 비교를 통하여 어림잡을 수 있는 표준 크기를 판단하려면, (개인적 생각에 의하면) 구상력은 다수의 상(像, 아마 천 명 전체의 상)을 서로 겹쳐 볼 수 있다. 그리고, 이 때 시각 상(像) 위에서 가장 강하게 채색된 테두리 내에서 평균 크기를 판단한다. 이런 평균 크기는 신장이나 체격에서 가장 큰 체격과 가장 작은 체격의 양극단의 동일한 선상에 있다. 그리고 이것을 곧 아름다운 남성의 체격으로 본다.[39]

칸트는 17절[40]에서, 목적과의 합치 또는 미감적 판단은 인간만이 할 수 있는 이념이다. 이는 어떤 형상을 공통적인 척도로 판단하는 것을 말한다. 위의 예에서,

---

김, op cit., p.296 참조.
39) カント, 『純粹理性批判』(上), 宇都宮芳明 訳, 以文社, 2005, pp.157-158
40) 임마누엘 칸트, 『판단력비판』, 백종현 옮김, op cit., pp.231-237/칸트, 『판단력비판』, 이석윤 역, op cit., pp.92-99

사람의 다양한 신체 요소 중에서 키가 '아름다운 남성'으로 판정되도록 구상력을 발휘한다. 따라서 '천 명'이라는 남성들로부터 '아름다움'을 판단하는 경우에 신체의 다양성이 판정의 대상이 될 수도 있다. 그러나 구체적인 미감적 판단에 들어가면 얼굴색은 어떠한가, 어떤 색의 옷을 입고 있는가라는 시각적 색채 판단도 규정 판단과 함께 작용하여 남성에 대한 미감적 결과를 얻을 수 있다.

현상을 총괄하고 하나의 통일체로 이끄는 구상력의 도입 과정에서 색채도 미감적 판단의 대상이 될 수 있다고 봤다. 이와같이 구상력은 다양한 경험을 종합하는 능력으로 현상의 미감적 판단에 기여한다.

2) 색채의 공통감각적 인식

여기서는 공통감각이라는 개념의 다양성에 대하여 생각해 보기로 한다. 이-푸 투안(Yi-fu Tuan, 1930~)은 『감각의 세계』에서 공통감각을 '음악을 들을 때 색이 보인다는 감각 상호간의 관련, 즉 공통감 현상'은 '하나의 감각 자극으로 본래 대응할 리 없는 다른 감각 의식이 생기는 현상'이라고 했다.[41]

공통감각은 아리스토텔레스까지 거슬러 올라가 5감을 통합하는 6감을 의미하기도 한다. 근대이후에는 헤르다(J.G.von Herder, 1744~1802)에 의해 그 의미

---

41) イーフー・トゥアン, 『感覚の世界』, 阿部一 訳, せりか書房, 1994, p.230
    이-푸 투안은 어떤 감각(미각이나 후각 등)에 대한 자극이 다른 감각(청각이나 시각 등)도 활성화시키는 것을 확인할 수 있다고 했다. 예를 들면 '색이 동반된 청각'으로서, 이는 소리를 들으면 색이 보이는 것과 같은 현상을 말한다. 또한 그는 토포필리아(Topophilia, 이는 장소(place)를 뜻하는 topos와 사랑(love)을 뜻하는 philia의 합성어임)라는 개념에서, 인간과 환경의 감각적, 정서적인 것이 서로 결부되어 있어 장소애(場所愛)의 의미로 해석하고 있는데, 여기는 고유성, 개체성 그리고 역사성이 함유되어 있다고 봤다. 이-푸 투안의 번역서로 『토포필리아』(이옥진 옮김, 도서출판 에코리브로, 2011)와 『공간과 장소』(구동회 옮김, 도서출판 대윤, 2007) 등이 있다.

가 다양해졌다.[42]

칸트는 『판단력비판』의 여러 곳에서 공통감각을 거론했다. 그러면 칸트의 『판단력비판』에 나타난 공통감각의 개념과 색채 인식과의 관련성을 살펴보자. 특히 20~22절[43]과 40절[44]에서 공통감각을 집중적으로 다루었다. 20절에서 칸트는 개념이 아닌 감정에 따르는 취미판단은 공통감각에 기인하는 것으로 보고, 21절[45]에서는 '모든 사람에게 공통감각을 전제로 하는 근거는 무엇인가.'였고, 22절[46]에서는 '보편적인 전달 가능성은 공통감각을 전제로 한다.'였다. 이와 같이 공통감은 감각 전체에 입각하여 취미 판단을 내리는 근거로 보았다.

따라서 취미판단은 개인적인 감정이 아닌 공통의 감정, 즉 공통감각에 기반을 두고 있음을 알 수 있다. 이는 각각의 감정에 의한 취미판단을 여러 요소로 분해하고 그것들 모두를 하나로 함축하여 마지막에는 공통감각의 이념으로 통합하는 것을 말한다. 다시 말하면 공통감각을 다양한 것의 합성내지 다양한 것의 통일을 낳는 개념이다.

하나 예를 들어보자. 어떤 일로 A가 B에게 선물을 주지 않으면 안 되게 되었다. 선물로 돈이나 물건 등 여러 가지를 생각해 볼 수 있다. 특히 물건의 경우에는 형태나 색채 등을 보고 결정하게 된다. 이때 상대가 어떤 형태나 색채를 좋아하는지 염두에 두어야 한다. 내가 좋아하는 색과 같을 수도 있고 내가 싫어하는 색과 같

---

42) 杉山卓史,「ヘルダーの共通感覚論」, 美学, 第57卷(225), 2006, p.1
　여기서 스기야마(杉山)는 헤르다와 칸트의 공통감각 개념을 구별하고 있다. 헤르다는 『언어기원론』에서, '우리들은 공통감각 기관이다.'라고 쓰고 있다. 이것은 '사람들에게 공통되는 감각'이라는 의미로서의 공통감각을, 취미판단의 원리로서 다룬 칸트의 『판단력비판』보다 앞서 밝힌 것이다. 헤르다의 공통감각 개념은 카시러, 메를르 퐁티 이래 다양하게 주목받아 왔다.
43) 임마누엘 칸트, 『판단력비판』, 백종현 옮김, op.cit., pp.239-244(칸트, 『판단력비판』, 이석윤 역, op cit., pp.100-107 참조).
44) Ibid., pp.317-321(Ibid., pp.168-172 참조).
45) Ibid., pp.240-241(Ibid., pp.101-102 참조).
46) Ibid., pp.242(Ibid., pp.102-103 참조).

을 수도 있다. 이때, A=B 혹은 A≠B의 경우가 되지만 어떤 경우라도 A보다 B가 즉, A〈B로 위치짓는 것이 중요하다. 이와같이 다른 사람의 입장에서 판단하는 근거로 색채도 공통감각의 전제 조건이 될 수 있다.

마지막 40절에서는, '공통의(통상의) 감(관)'으로서 공통감각(sensus communis)을 거론되고 있는데, 이는 앞절(20~22절)에서 논한 개념과 유사하다. 이는 취미판단을 내리는 전제 조건으로서의 보편적 전달 가능성이 개입되는 공동정신(Gemeinsinn)과 공통감각과의 관계를 말한다.

따라서 취미판단으로서의 공통감각은 '다른 모든 입장에서 생각할 것'이라는 '사회적 판단'의 의미를 담고 있다. 이와같이 공동체 감각은 취미판단뿐만 아니라 인식 판단내지 도덕 판단에 이르기까지 관여하는 판단 일체, 즉 인간에게 내리는 모든 판단을 의미한다.[47] 따라서 커먼 센스(common sense)에는 다의적 의미가 함축되어 있다.

그렇다면, 취미판단과 공통감각과는 어떻게 연관되어 있는지를 검토해 보자. 칸트는 '공통감각이 취미 판단을 하게 되는 조건이 될 수 있다.'고 봤다. 취미판단이란 본래 주어진 표상에 대한 우리의 감정을 개념으로 매개하지 않고 보편적으로 전달 가능하도록 하는 판단 능력을 말한다. 바꾸어 말하면, 우리에게 표상된 감정을 모든 사람들에게 보편적으로 전달 가능하게 하려면 보편적 찬동에 따르는 공통감각이 전제되어야 한다.

예를 들면, 붉은 장미를 보고 아름답다고 말할 때 다른 사람도 아름답다고 여기는 보편적인 찬동을 말한다. 공통감각은 취미판단의 보편 타당성을 위한 주관적 필요조건이라고 할 수 있다. 따라서 모든 사람에게 공통적인 커뮤니케이션의 요소로써 색채도 가능하다. 이것은 장미의 색이 아름답다고 말할 때, 그

---

[47] 水野邦彦, 『美的感性と社会的感性』, 晃洋書房, 1996, p.77 이 책에서 저자 미즈노는 센서스 코뮤니스를 공동체 감각으로서 인식하면서도 통합적인 의미로 다루고 있다.

것이 일반 사회에서 통용되고 관심으로 연결된다면 보편적으로 전달할 수 있음을 의미한다.

그러면, 다양한 의미를 갖는 공통감각의 개념에서 색채의 위치에 대해 살펴보자. 어떤 사람이 어떤 장미를 보고 직감적으로 '이 장미는 빨갛다'라고 이야기할 때 보편적인 찬동에 따르지 않더라도 대상에 대한 시각적, 선험적 인식을 갖고 있기 때문에 전달이 가능하다. 하지만 '저 빨간 장미는 아름답다'라고 개인적인 감정에 근거하여 판단을 내리는 경우에는 '저 빨간 장미'를 본 사람들이 공통적으로 '아름답다'라고 표현할 경우에 공통감각에 이르게 된다. 다시 말하면 눈 앞의 장미라는 대상을 공통적 기반 위에 타인과 이야기하고 미감적 감정을 공유하며, 또한 보편적으로 전달 가능한 능력에 이르게 되는 것을 말한다.

이와같이 장미를 빨갛다라고 판단을 내리는 경우와 아름답다라고 판단하는 경우에 빨갛다라는 색채는 인식을 통일시키고 합치되게 하여 미감적으로 판단하는 근거로 작용한다.

3) 색채의 지적 인식

여기서는 감각의 인식을 확대하여 색채를 지적 관심의 대상으로 고찰한다. 예를 들어, 그림이나 음악을 보거나 듣고 아름답다 내지 멋지다 등과 같이 언어를 차용하여 표현한다. 이런 경우에 예술로서의 색채도 해당된다. 이와 같은 색채 인식을 칸트는 『판단력비판』의 42절(미에 대한 지적 관심에 대하여)에서 다음과 같이 논한다.

> 아름다운 자연에서의 매력은 극히 많은 경우, 이른바 아름다운 형식과 융합하여 만들어지지만, 이 매력은 빛의 여러 변용(색채에 있어서)에 속한다. (생략) 이렇게 하여, 이른바 자연이 우리들에게 주는, 한층 고차원의 의미를 가지고 있다고 여겨지는

언어를 그 안에 포함하고 있는 듯한 독자의 감각이 있기 때문이다. 백합의 흰색은 마음을 무구(無垢)하게 만든다고 생각한다. 또한 빨간색에서 보라색에 이르는 일곱 가지 색은, (1) 빨강은 숭고함을, (2) 주황색은 대담함을, (3) 노랑은 솔직함을, (4) 초록은 친절함을, (5) 파랑은 겸허함을, (6) 남색은 불굴함을, (7) 보라는 부드러운 이념을 느끼도록 한다.[48]

인간은 사물을 지각하는 고유한 감각기능을 갖고 있어, 이것들의 감각 작용과 더불어 언어를 사용하여 대상에 대한 의미를 창출하고 있다. 따라서 언어를 이해한다는 것은 주변 환경과 동화되고 공유한다는 것을 의미한다. 예를 들면, 위에서 빨간색을 숭고함이라는 언어로 대치하여 표현했는데, 이때 숭고함을 공통적으로 판단하는 것을 전제로 한다.

하이데거(M. Heidegger, 1889~1976)는 '감정으로 개시(開示)되는 신체적 상태에는 주위 세계의 구체적인 모습이 공명하는 것'이라고 한 바 있다. 이는 여러 감각이 세계를 향해 열림으로써 신체가 세계에 반응하고, 또한 여러 감각을 비교하여 종합적으로 다루는 능력, 즉 공통감각을 말한다. 여기서 색채가 인식되기 위한 감각을 되살아나기 위한 기술은 59절(도덕성의 상징으로서의 미에 관하여)에 잘 나타나 있다.

> 우리들은 건물이나 수목을 장엄하다거나 웅장하고 아름답다고 말하기도 하고 광야를 화창하다든가 경쾌하다고 표현하기도 한다. 색채에 있어서 무구하고 신중하다든지 깊이 있고 상냥하다고 표현하기도 하지만, 이러한 색채들이 환기시켜 주는 감각이 도덕적 판단으로 발생시키는 심적 상태의 의식 또는 무언가 유추되는 것을 포함하고 있기 때문이다.[49]

---

48) 칸트, 『판단력비판』, 이석윤 역, op cit., pp.175-180(임마누엘 칸트, 『판단력 비판』, 백종현 옮김, op cit., pp.330-331 참조).
49) Ibid., p.245(Ibid., p.403 참조).

여기서 아름답다고 하는 것은 어떤 대상이나 표현 양상을 판정하는 능력으로 인식되고 '관심이 결여된 상태'를 전제로 한다. 『순수이성비판』에서의 인식 판단은 주관에 의해 대상이 지배되지만 『판단력비판』에서의 미감적 판단은 주관의 일방적인 지배에서 벗어나 있다.

아도르노(T.W. Adorno, 1903~1969)는 칸트의 '관심이 결여된'이라는 의미 규정에 대하여 '미감적 판단은 보는 사람의 자기 부정에 가까운 무언가를, 즉 미감적 대상이 스스로 이야기하고 침묵하는 것에 응답하고, 이를 깨닫는 능력이 요구되는 것'으로 인식했다.

미감적 경험은 처음의 시각성과 객체 사이에 일정한 틈을 두고 있다. 이와같은 견해로부터 칸트가 미감적 판단에서 '관심없음'이라고 한 규정은 오히려 관심에 대한 판단으로, 『판단력비판』의 2절에서 '관심이라 불리는 것은 우리들이 어떤 대상의 표상과 관련짓는 적의'(適宜, 무엇을 하기에 알맞고 적당하다의 의미)라고 했다.

여기서 볼 수 있는 미감적 판단은 대상의 존재 그 자체가 아니라 대상의 가상과 관련된 판단을 근거로 한다. 예를 들어, 자연의 흰 백합(대상)을 보고 무구하다든가 겸손하다고 지각(가상)하는 경우에, 그 대상을 색채를 통하여 지적 관심을 일으키는 경우를 말한다.

칸트의 지적 관심으로서의 색채는 비트겐슈타인에 의해서 다음과 같이 명확하게 인식되고 있다.

> 지혜는 회색이다. 그러나 삶과 종교는 색채가 풍부하다. (MS. 134. 181 : 276. 1947)[50]

---

50) 루트비히 비트겐슈타인, 『논리철학논고/철학탐구/반철학적 단상』, 김양순 옮김, 동서문화사, 2015, p. 545

지적 색채에 대한 예를 하나 더 들면, 그자비에 드 메스트로(Xavier de masistre, 1763~1852)는 『내 방 여행하는 법』이라는 책의 「장미색과 흰색」이라는 글에서, 침대를 고를 때 색채의 선정에 대해서 의미심장한 조언을 했다.

> 색깔은 그 색조에 따라 우리 기분을 즐겁게도 혹은 우울하게도 만들기 때문이다. 장미색과 흰색은 기쁨과 행복을 나타낸다. 장미 색깔에 그런 상징을 부여함으로써 자연은 장미를 꽃의 제왕으로 만들었다. (생략) 나로서는 다른 색에 비해, 이 두 색이 가장 아름답고 그것이 인간의 행복에 가장 커다란 영향을 미칠 수 있다는 그 최상의 예를 제시한 것으로 충분하다.[51]

4) 다양성을 갖는 합목적적 색채 인식

일반적으로 합목적성이란 '어떤 대상이 어떤 목적에 부합하다.'라는 의미이다. 특히 어떤 대상 전체가 '합목적적이다'라고 한다면 그 대상 전체에서 어떤 한 부분이 다른 부분과 공존하면서 각각의 부분들이 그 자체의 고유성 위에 서로 다른 부분과의 조화로운 경우를 말한다.

이와같은 전개에 대하여, 카시러(E. Cassirer, 1874~1945)는 '비로소 전체는 단순한 집적에서 완결된 체계로 변화한다.'[52]고 했다. 이것은 어떤 부분이 다른 부분과의 관계로 생기는 단순한 집적에 머무르지 않고 각 부분이 서로 조화롭고 체계적으로 변화되어 합목적성에 이르는 것을 의미한다. 또한 '그 체계 속에서 각 항목은 고유한 기능을 소유하고, 그러면서 이것들의 모든 기능은 하나도 남기지

---

51) 그자비에 드 메스트로, 『내 방 여행하는 법』, 장석훈 옮김, 도서출판 유유, 2016, pp.49-50
52) E.カッシーラー, 『カントの生涯と学説』, 高橋 昭一 外訳, みすず書房, 1986, p.305-306. 여기서 카시러는 합목적성을 다양한 것의 여러 부분들이 하나로 통일되어 조화롭게 되어가는 모든 것에 대한 일반적인 개념으로 인식했다. 이때 조화는 무엇이며 어떠한 근거에서 유래하는지는 묻지 않고 있다.

않고 통일적인 전체적 달성과 전체적 의의로 총괄된다.'라고 했다. 이는 다양한 대상이 어떤 목적에 부합하여 하나의 전체로 전환되는 '다양성의 통일'이라는 개념에 근거하고 있다.

> 어떤 객관성은 그 개념이 객관적 현실성에 근거를 두고 있는 경우에 한하여 목적이라 불린다. 어떤 사물과 여러 목적으로 가능한 사물들의 성상(性狀)과의 합치는, 그 사물의 형식적 합목적성이라 불리기 때문에 판단력의 원리는 경험적 법칙 아래 있는 자연 사물들의 형식에 관해서 자연의 다양성에 있어서 자연의 합목적성이다. 즉, 자연은 이 (합목적성이라는) 개념에 의해 마치 어떤 오성이 자연의 경험적 규칙의 다양성의 통일된 근거를 포함하고 있듯이 표상된다.[53]

칸트는 '합목적성'을 논할 때 자연의 다양성을 언급했다. 예를 들어 자연물인 장미의 경우, 우리들은 그것을 구성하는 다양한 요소를 통하여 장미를 인식한다. 장미의 아름다움은 장미 그 자체가 갖는 형식, 즉 색채와 형태 등의 다양성에 의한 통일과 우리들의 인식 능력과의 조화 상태에 의해 미감적 쾌를 발견하고, 비로소 합목적적 양상에 이른다.

따라서 장미가 갖는 각각의 요소는 목적에 따라 기능하고, 장미라고 하는 하나의 전체적 조화로운 관계를 가짐으로써 아름답다고 말하는 수밖에 없게 된다. 이와 같이 자연의 합목적성은 유기적인 자기 형성이라고 하는 동적 프로세스로부터 생겨난다.

칸트는 '세계 일체의 사물은 무언가에 도움을 준다. 세계는 무엇 하나 불필요한 것이 없다.'라고 했다. 이는 사물이 모두 각각의 목적을 갖고 있어 버릴 것이 하나도 없다라는 의미로 보인다. 그러나 자연의 목적에 대하여 목적없는 합목적성이라는 개념에서, '~없는'이라는 부정적인 말은 특정의 목적이 없음이라든가 의지

---

[53] 임마누엘 칸트, 『판단력 비판』, 이석윤 역, op cit. p.87

가 없음이라는 의미로 해석된다. 예를 들면, 자연이 우리들의 눈을 즐겁게 하고, 또한 만족을 준다고 하는 목적으로 만들어진 것은 아니라는 것이다.

따라서 목적을 가지고 만들어진 것이 아닌 자연이 우리들의 주관 안에서 인식되는 능력의 조화 상태를 미감적 합목적성이라 한다. 다시 말하면 자연의 형식과 우리들의 인식 능력이 조화되고 합치됨으로써 쾌가 만들어질 때 합목적적 체계로서 자연을 고려하게 된다. 이와 같이 목적없는 합목적성에 대하여, 칸트는 『판단력비판』의 58절에서 다음과 같이 논한다.

> 특히, 색채가 우리 눈에 들어오면서 매력적인 다양성과 조화된 구성, (생략) 모든 사항은 우리들의 미감적 판단력에 대해 자연의 현실적인 여러 목적을 상정한 것에 의한 (실재론의) 해명 방식에 커다란 무게를 부여하고 있다. (생략) 꽃이나 새의 깃털, 조개 껍질의 형태나 색채에서 볼 수 있는 미에 관해서, 이러한 미는 자연과 자연의 능력, 즉 그러한 형태나 색채를 가리키는 특수한 목적이 결여된 채 자유롭고 화학적 법칙에 따라 유기적인 조직에 필요한 물질을 침전시킴으로써 스스로를 미감적=합목적적으로 형성하는 자연의 능력으로 바꾸게 할 수 있다.[54]

이-푸 투안은 나바호(The Navaho)족에게 있어서 아름다움은 '동물과 인간의 생명을 지탱할 수 있는 초록의 여름다운 광경'[55]을 의미한다고 말한 바 있다. 다시 말하면 초록과 여름은 생명과 관계되어있기 때문에 심미적인 힘을 갖는다고 보고, 이런 초록의 여름다운 광경을 보는 것만으로 생명력을 느낀다. 초록이라는 색채를 생명 감각과 동일시하는 인식이다.

칸트는 바움가르텐(A.G.Baumgarten, 1714~1762)의 영향을 많이 받았다. 특히 그는 '물리적인 것에 있어서 동일하게 미적 빛의 변용이 미적 색채이다.'[56]라고

---

54) Ibid., pp.236-237
55) イーフー・トゥアン,『感覚の世界』, 阿部一 訳, op cit., p.230
56) バウムカルテン,『美學』, 松尾 大 訳, 玉川大學, 1988, p.363

할 정도로 빛으로 인한 자연의 다양성을 감성적 인식의 문제로 받아들였다. 여기서, 여름은 초록을, 또한 초록은 생명을 상징한다.

『판단력비판』에서의 초록은 생명 감각이며 자연미에 대한 보편적인 판단이라 할 수 있는 '목적없는 합목적성'에 해당한다. 이와같은 자연미에 대한 판단 대신에, '우리들의 눈에 극히 흡족되면서 매력적인 다양성이나 조화로운 구성'이라는 것은 인간의 현실적인 목적과 관련되어 있다.

예를 들면 일상생활에서 자연의 나무가 그 목적을 가지고 다양하게 사용되고 있듯이 장미의 다양한 색채도 다양하게 인식되어 그 목적에 맞게 사용된다는 점에서 자연의 초록은 인간에게 생명 감각을 주는 근원적인 색채이며 지구 생명과의 관계에서 합목적적으로 인식되는 색채라고 할 수 있다.

> 마무리

   지금까지 칸트의 주요 철학서인 『순수이성비판』과 『판단력비판』에 나타난 색채 인식을 고찰했다.
   『순수이성비판』에서 색채는 감각의 단순한 성질로서 다루어져 미감적 경험을 갖는 역할에는 이르지 못했으나, 『판단력비판』에서는 색채가 다의적인 의미로 확장되고 전개되었음에도 불구하고, 칸트는 색채 그 자체가 미감적 대상으로 인정받기 위해서는 조건이 붙어야 한다는 견해를 보였다. 특히 『판단력비판』에서 색채라는 언어는 여러 곳에서 인용되어 다른 개념을 설명하거나 보완하는 요소로 사용되었다. 덧붙여 말하면 색채가 처음부터 체계적이고 논리적인 입장이라기보다는 필요에 따라 정합적으로 사용되었다. 이런 이유로 색채는 미감적 판단을 내리는 본질적인 것으로부터 배제되고 색채 대신 데생이 고려되었다.
   『판단력비판』에서의 색채는 미의 자율성에서 벗어나 있으나 색채 그 자체는 감관을 자극하고 지각함으로써 자유롭게 유동하는 경우에 한하여 미감적 판단으로서의 가능성에 무게를 두었다. 이외에도 색채는 자연의 색채 그 자체의 감각으로부터 주관적 내지는 객관적으로 판단하는 계기로서 다양한 의미로 사용되었다. 예를 들면, 백합의 흰색이라든가 초원의 녹색, 그리고 색채의 쾌적함과 같은 표현을 말한다.
   또한 색채 그 자체는 다양성의 통일, 공통감각, 상징성, 도덕성, 합목적성 등의 개념으로 이행되고 커뮤니케이션의 한 부분으로서 전달 가능한 대상으로 인식되었다. 하지만, 색채 인식은 명확하게 구분되어 사용되지 않고 중복되어 나타났다. 예를 들면, 신체 감각과 구상력, 공통감각과 전달가능성 내지는 합목적성, 그리고 지적 관심과 도덕성 내지는 상징성 등에서 색채가 서로 교감하고 있다는 점에서, 칸트의 『판단력비판』에 있어서의 색채 인식은 다의적이라 할 수 있다.

2
괴테
철학자와 색채 탐구

괴테(J.W. von Goethe, 1749~1832)는 1810년, 『색채론』을 발표했다. 『색채론』이 문학작품 이상의 의미를 갖게 된 배경에는 어릴 적부터 경험한 그림 감상, 다양한 사람들과의 접촉, 잦은 여행을 통한 풍부한 현장 경험 그리고 철학자 및 예술가와의 지속적인 대화가 있었다. 따라서 여기서는 『색채론』의 근간을 이루고 있는 괴테의 자서전 『시와 진실』(1811)[57]에 묘사되어 있는 색채 관련 의미를 바탕으로 괴테의 색채 이념이 생성될 수밖에 없었던 배경을 찾고자 한다.

괴테는 '예술적 행위란 무엇인가.'라는 의문을 갖게 되면서 18세기 철학의 중심에 있던 빙켈만(J.J. Winckelmann, 1717~1768), 레싱(G.E. Lessing, 1729~1781), 하만(J.G. Hamann, 1730~1788), 그리고 헤르더(J.G.von Herder, 1744~1803)의 예술이론에 매료되었다.

괴테는 1798년, 잡지 『프로필레엔』(Propyläen, 1798~1800)[58]을 창간했는데, 여기서 그는 뉴턴의 색채이론의 문제점을 경험과 논리적 근거를 바탕으로 비판하고, 이것이 계기가 되어 괴테는 색채의 생성에 관심을 갖게 되었다. 특히 뉴턴의 색채이론에 대한 반기(反旗)로, 괴테 스스로 뉴턴의 색채이론이 잘못되었다는 것을 밝혀내기 위해 20여년이라는 긴 시간동안 준비한 색채이론서가, 바로 괴테의 『색채론』이다.

---

[57] 괴테의 자서전 『시와 진실』이 김훈에 의해서 번역(1996)된 이후에, 박환덕(2006), 최은희(2007), 전영애(2009), 박광자(2014)에 의해서 추가로 번역될 만큼 괴테의 자서전은 문학계에서 큰 관심이 되고 있다.(번역서는 「참고문헌」 참조)
[58] 『프로필레엔』은 괴테가 50살에 만든 문예지(誌)로 3년간 출간되었다. 출판 부수는 300부 정도로 알려져 있다. 프로필레엔(Propyläen)은 우리말로 현관, 입구라는 의미로 괴테는 이 잡지를 통하여 고전주의에 대한 새로운 인식을 갖고자 했다.

괴테의 『색채론』은 2003년 한국에서 처음으로 번역 출간[59]되어, 이를 계기로 몇 편의 논문이 발표되었다.[60] 여기서는 괴테의 전집 제14권 『색채론』[61]에 관심을 가지면서, 그가 『색채론』을 집필할 수밖에 없었던 배경을 자서전적 성격의 『시와 진실』, 그리고 그의 논문을 모아 단행본으로 출간된 『예술론』[62]을 중심으로 살펴보고자 한다.

01. 괴테의 형성

괴테는 부친의 예술에 대한 관심, 이탈리아 여행, 철학자와의 만남, 그리고 자연관찰과 실험 등의 다양한 경험을 하면서 자랐다. 그는 시인이자 문학가이기에 앞서 자연과학자로서 인정을 받기를 원했고, 그의 전 생애를 통하여 자연현상에 대한 탐구를 게을리하지 않았다.

괴테는 뉴턴의 광학 연구의 성과라 할 수 있는 빛의 분리에 의한 색채 생성을 강하게 부정할 정도로 자신의 색채론에 확신을 갖고 있었다. 당시 누구도 인정하지 않았던 괴테의 『색채론』이 많은 시간이 지난 다음 평가를 받았다. 이것은 물리적 실험을 넘어 자연현상과 인간의 감각을 배경으로 얻어진 결과였다.

또한 20여년에 걸쳐 완성된 『색채론』이 자연과학서 이상의 문학작품으로 평

---

59) 괴테, 『색채론』, 장희창 역, 민음사, 2003
60) 장희창은 괴테의 『색채론』을 번역하고, 그 스스로 「괴테의 『색채론』의 구조와 그 현대적 의미」(한국괴테학회, 1999)라는 논문을 발표했다. 이 번역서를 계기로 몇 편의 논문이 발표되었다. (「참고문헌」 참조)
61) ゲーテ, 『色彩論』(ゲーテ全集·14), 木村直司 外 譯, 潮出版社, 1997
62) 괴테, 『예술론』, 정용환 옮김, 민음사, 2008

가받게 된 것은 철학자와의 대화와 그들의 역사철학에 대한 인식, 그리고 시대정신이 근간이 되었기 때문이다. 특히『색채론』의 형성에는 빙켈만의 고대 예술론, 하만의 형상과 감각 인식, 그리고 레싱의 조형 언어에 영향을 받은 바 크다. 특히 헤르더와의 특별한 관계를 통하여, 그의 언어 발생 개념인 개체성 이론의 답습도 색채론의 형성에 도움이 되었다.

02. 괴테의 예술적 성장

니체는 괴테를 가리켜 '하나의 문화'라고 했다. 이런 니체의 평가에는, 괴테가 성장하면서 몸에 밴 자연과 인간에 대한 관찰을 문학적으로 승화시킨 것에 대한 비유라고 할 수 있다. 특히 괴테는 다른 문학자에게서 보기 힘든 인간다운 감성과 풍부한 상상력을 가지고 있었다. 또한 그를 두고, '온갖 인간적인 요소를 한 몸에 지닌 작가는 아마 괴테말고는 달리 없을 것'[63]이라는 언급에서, 그의 다재다능한 능력을 엿볼 수 있다.

괴테는 1749년에 태어나, 1832년 83세로 작고할 때까지 일기를 쓸 정도로 대단했다. 괴테의 부친은 괴테가 예술가로서보다는 법률가가 되어 높은 신분을 보장받았으면 했다. 하지만 괴테는 법률가보다 예술에 관심이 많았고, 부친과의 이탈리아 여행을 계기로 예술에 대한 관심은 한층 높아졌다. 괴테의 부모는 교육열이 대단하여, 괴테를 그리스어, 프랑스어, 영어, 이탈리아어, 헤브라이어를 공

---

63) 괴테,『시와 진실』, 김훈 역, 혜원출판사, 1996, p.431(이 인용문은 김훈의 해설,「괴테의 생애와 <시와 진실>」에 실려 있는 내용이다.)

부시키고 여기에 성서(聖書), 역사, 수학, 지리는 물론 피아노와 그림에까지 관심을 갖도록 했다. 특히, 괴테가 회화에 조예가 깊었던 것은 부친의 그림에 대한 열정 덕분이었다.

집안에서 가장 내 시선을 끈 것은 부친이 거실에 장식해 놓은 로마의 풍경화들이었다. 그것들은 피라네제(로마의 동판화가:1707~1778)의 선배인 두서너 명의 노련한 화가의 동판들인데, 구성 양식에 있어서나 원근법에 있어서 이해가 깊고 그들의 필치는 매우 명확하고 찬양할 만한 것이다.[64]

부친은 괴테에게 때때로 그림을 설명해주거나 이탈리아에서 가져온 대리석이나 광물을 관찰하도록 하고 시간을 내어 이탈리아 여행기를 정리하는데 참여하도록 했다. 괴테는 성장하면서 판화와 문학, 그리고 신비주의 등에 관심이 많았고, 25살에는 연애 경험을 바탕으로 『젊은 베르테르의 슬픔』을 집필했다. 이후에는 광물학과 해부학을 공부했다.

괴테는 이런 다양한 성장을 배경으로 자연현상에 관심을 가지면서 사물을 스케치하는 것을 게을리하지 않았다. 하지만 괴테는 화가의 꿈을 접고 시인이 되기로 했는데, 이런 변화는 괴테가 이탈리아를 여행하고 귀국한 이후에 일어났다. 괴테는 과거의 경험을 바탕으로 식물 변형뿐만아니라 색채 변화에도 관심을 가졌다. 그는 식물의 원형, 곤충 그리고 광물학에 이르기까지 자연연구의 영역을 넓혀 갔다. 이런 자연에 대한 관심과 애정은 괴테가 41세(1790)에 집필을 시작하여 20여년만인 1810년에 『색채론』을 탄생시키는 계기가 되었다.

---

64) Ibid., pp.15-16

03. 괴테와 회화

    괴테는 부친이 미술품 수집가로서 화가들과 접촉할 기회가 많아지면서 자연스럽게 그림에도 관심을 가졌다. 괴테 자신 한때 화가로 착각할 정도로 그림에 몰두한 적이 있었다.[65] 괴테의 그림은 주로 풍경화로 회화적 가치보다는 그리는 행위에 의미를 두었다.
    괴테는 에커만(J.P. Eckerman, 1792~1854)과의 대화에서, '나의 시(詩) 작품의 구체성은 내 눈의 빈틈없는 주의력과 연습 덕분이었네, 그리고 거기로부터 나온 지식도 높이 평가해야 하네.'[66]라고 말할 정도로, 자연에 대한 관찰력이 문학적 소질에 영향을 주었음을 밝혔다. 괴테는 그림 감상은 물론 스스로 그림 그리기를 좋아했으며 열성적인 미술품 수집가였다.
    괴테의 이런 예술적 환경은 미술 작품 제작에 국한되지 않고, 그의 예술성을 끌어올리는 기회를 만들어 주었고, 특히 이탈리아 여행은 예술작품을 보다 객관적으로 보는 능력을 갖도록 했다[67]. 괴테는 그림그리는 주체에서 예술의 문학성을 높이는 작업으로 전환하여 자연에 내재되어 있는 보편적인 형태와 법칙, 그리고 감각을 이론화하는데 많은 관심을 보였다.
    이러한 배경으로 태어난 괴테의 『색채론』은 오랫동안 실험과 관찰을 통하여 완결되었음에도, 당시 뉴턴의 광학이론이 지배적이어서 객관적으로 평가받는 기회를 갖지 못했다. 그러나 괴테는 이런 추세를 인정하지 않았다. 괴테의 『색채론』

---

65) 괴테, 『예술론』, op cit., p.273
66) 요한 피터 에커만, 『괴테와의 대화』(1), 장희창 옮김, op cit., p. 214
67) 괴테는 이탈리아를 방문하고 돌아와 이탈리아 기행문(괴테, 『이탈리아 여행』, 박찬기 역, 민음사, 2004)을 발표했다. 이에 앞서 괴테는 「단순한 자연 모방, 마니어(manier), 양식」(1789)이라는 글에서 고대예술의 명료성을 높이 평가했다.

평가는 에커만의 『괴테와의 대화』에 보다 명확하게 기술되어 있다. 괴테가 작고하기 3년전인 1829년, 당시 에커만은 괴테의 『색채론』이 사회적으로, 다음과 같이 평가받고 있음을 안타까워 했다.

> 비록 『색채론』은 괴테의 작품 중에서도 가장 위대하고 난해한 작품이지만, 이와 관련하여 괴테가 얻을 수 있는 것은 비난과 부정 이외에는 아무것도 없었다.[68]

괴테는 자신의 문학작품에 대해서는 어떠한 평가도 감수했지만 유독 『색채론』의 비난에 대해서는 용납하지 않았다. 괴테는 문학적으로 훌륭한 사람은 과거에도 현재에도 존재하지만 『색채론』만큼은 스스로 최고라는 생각을 가졌다. 따라서 그는 주변의 저평가에도 불구하고 자신의 색채론에 대해서 만큼은 완고했고 입장을 바꾸지 않았다. 그만큼 괴테는 전 생애를 걸쳐 색채론에 모든 것을 걸었다.

쇼펜하우어가 자신이 지은 책의 서문을 괴테에게 부탁했으나 그가 싫어하는 말을 사용했다는 이유만으로 거절했다는 일화도, 이를 뒷받침한다. 다음은 자서전적인 성격이 강한 괴테의 『시와 진실』에 나타난 철학자와의 만남을 통하여 형성된 자연철학적 사고를 고찰한다.

---

68) 金子隆芳, 『色彩の心理學』, 岩波新書, 1998, pp.34-35에서 재인용

04. 철학자와의 만남

　일반적으로 괴테의 창작활동을 3기로 구분한다. 첫째는 질풍노도(Strum und Drang) 시대[69]이고, 두 번째는 고전주의 시대, 그리고 세 번째는 낭만주의 시대이다. 당시 괴테는 이탈리아를 여행하면서 질풍노도 시대를 끝내고 새로운 고전주의 시대를 맞이하게 되었다. 괴테는 전환기 독일 철학자인 빙켈만, 레싱, 하만 그리고 헤르더와의 만남과 그들의 저서를 통하여 문학적으로나 색채학적으로 공감을 얻은 바 크다. 따라서 괴테의 색채론을 논하기 전에, 괴테가 철학자와의 만남을 통하여 형성된 색채론 형성의 배경을 더듬어 볼 필요가 있다.

1) 괴테와 빙켈만

　괴테의 자서전 『시와 진실』에는 빙켈만의 이름이 자주 등장한다[70]. 예를 들면 괴테는 '우리들은 허용된 범위 내에서 연구에 열중하고 있는 동안에 빙켈만의 이탈리아에 있어서의 고상한 예술 생활에 대해 가르침을 받았고, 그의 초기 작품을 경건한 마음으로 손에 들었다.[71]라고 언급한 것에서 알 수 있다. 1755년말 로마를 처음 방문한 빙켈만은 당시까지 체험하지 못한 고대예술에 대한 매력을 강하게 느꼈다. 그는 이탈리아 여러 곳을 방문하여 고대예술에 대한 강한 인상을 글로 남겼다.

---

[69] 이 말은 독일의 시인이자 극작가인 클링거(F.M.Klinger, 1752~1831)의 희곡에서 따온 말로 18세기 후반 독일에서 일어난 문학 운동을 말한다. 특히 헤르더(J.G.Herder, 1744~1803)가 『근대독일문학집』(1767)을 출간한 시기부터 20년간으로, 이 시기를 '천재시대'라고도 한다. 그 만큼 당시 독일은 정치적으로나 사회적으로 안정되어 문학 분야에서 빛을 보았다.
[70] 괴테, 『시와 진실』, op.cit., pp.296-335
[71] Ibid., pp.300-301

그 때문에 로마 이외의 곳에서 고대예술과 미지의 고대 유물에 대해 뭔가 근본적인 것을 쓴다는 것은 어렵다. 아니 거의 불가능하다.[72]

이와같이 괴테는 고전주의에 대한 자료 부족으로 고대예술을 체계적으로 정리하는데 어려움이 있다고 토로했다. 괴테가 정신적으로 깊은 감명을 받은 빙켈만의 저서로는 『그리스 예술모방론』[73](1755), 『고대예술사』(1764)가 있다. 괴테는 『빙켈만』(1805)이라는 제목으로 논문을 발표할 정도였는데, 빙켈만을 다음과 같이 극찬하였다.

기억할 만한 사람에 대한 회상과 중요한 예술작품과의 만남은 때때로 고찰의 정신을 자극한다."[74]

괴테는 수많은 예술가 중에서 특히 빙켈만을 '기억할 만한 사람'으로 높이 평가했다. 특히 괴테가 빙켈만을 좋아한 이유는 빙켈만이 인간을 대상으로 인간만이 갖는 미덕, 선택, 질서, 조화 그리고 의미를 예술 창작의 주제로 삼았기 때문이다. 이것은 괴테 스스로 빙켈만의 정신을 계승할 의지를 보여준 것으로 보인다.

괴테는 빙켈만이 독일에서 그리스 예술에 대한 관심을 환기시키는 계기를 만들었지만 한편으로는 독일 문학자들에게 고대 문학과 예술에 대한 거부감을 잉태시킨 요인이 되기도 했다. 특히 빙켈만은 라오콘 군상(Laokon 群像, BC 175~150년경의 조각 작품)의 평가를 고대 그리스 미(美)의 전형으로 간주했는데, 이것이 계기가 되어 레싱과 헤르더도 라오콘 군상에 대해서 관심을 갖게 되었

---

72) 김대권, 『빙켈만과 베르더의 그리스관』, 한국괴테학회, 2006, p.137
73) 정식 제목 『회화와 조각에 있어서 그리스 작품의 모방에 관하여』이다. (괴테, 『예술론』, op cit., p.137)
74) 괴테, 『예술론』, op cit., p.125

다. 하지만 이 작품에 대한 철학자간의 해석은 조금씩 다르다.[75]

2) 괴테와 레싱

레싱(G.E.Lessing, 1729~1781)은 괴테보다 20년 일찍 태어났다. 괴테는 많은 철학자와 예술가를 만났지만, 특히 괴테는 레싱에게서 많은 영향을 받아, 그를 다음과 같이 평했다.

> 나는 다른 사람들과 더불어 새로운 빛을 그리워하며 찾아다녔다. 드디어 이 광명은 우리들이 이미 많은 신세를 입고 있는 한 인물에 의해서 이루어지게 되었다. (생략) 그래서 가장 뛰어난 사상가가 음울한 구름 속에서 우리들 머리 위에 비쳐준 저 광명은 우리들에게 둘도 없이 고마운 것이다.[76]

여기서 '한 인물'이나 '가장 뛰어난 사상가'는 바로 레싱을 가리킨다. 특히 괴테는 레싱의 작품 중에 『라오콘』(1766)[77]에 주목하고, 이를 『시와 진실』에서, 다음과 같이 평했다.

> 이 작품은 빈곤한 직관의 세계로부터 사상의 넓은 광야로 우리를 이끌어간다. 모

---

75) 김대권, 「문학과 미술의 경계짓기」, 한국괴테학회, 2006, p.153
  여기서 김대권은 빙켈만의 『라오콘』에 나타난 고대예술의 평가를 두고, 철학자들간의 견해가 다름을 피력했다. 빙켈만이 고대의 조형적 가치를 재발견한 것에 중점을 두었다면, 레싱은 고대에서 문학과 미술의 본질을 규명하는데 주안점을 두었다. 이는 라오콘에 대한 문학성과 미술성의 우위에 대한 논쟁이라고 할 수 있다. 괴테는 『빙켈만』의 글 「그리스 예술의 인식」에서, '말과 언어를 다루는 문학과 수사학에서 조형예술로 넘어가는 것은 그것이 최고의 문학이라고 해도 쉽지 않다.'고 했다.) (괴테, 『예술론』, op cit., pp. 136-137)
76) 괴테, 『시와 진실』, op.cit., p.302
77) 레싱이 『라오콘』(1766)을 저술한 배경에는, 빙켈만이 『그리스 예술모방론』에서 '라오콘상(像)'을 언급한 것에 자극을 받아 구상한 것으로 알려져 있다.

든 종류의 의미를 겸할 수 있는 언어 미술가에게는 미(美)의 한계를 넘는 것이 허용되지만, 조형 미술가는 미의 한계 내에 머무르지 않으면 안된다. 조형 미술가는 미로 인해서만 만족하는 외부적 감각을 향해서 작용하고, 언어 미술가는 추한 것과도 조화할 수 있는 상상력에 호소할 수 있는 것이다.[78)]

괴테는 조형 미술과 언어 미술에 대한 차이를 레싱의 『라오콘』이라는 논문을 통하여 이해하고, 특히 이탈리아 여행에서 직접 라오콘을 감상한 후 귀국하여 「라오콘」이라는 논문을 발표했다. 괴테는 '이 글(「라오콘」을 말함)은 탁월한 예술작품에 대해서 쓰였다기보다 그것을 계기로 쓰였다.'[79)]고 밝히고 있다. 또한 괴테는 라오콘을 계기로 훌륭한 예술작품이 갖는 몇 가지 특징을 고도로 조직된 생생한 인간의 유형, 성격, 이상, 우아, 미 등의 개념으로 구분하고, 특히 '라오콘'의 예술성을 대칭과 다양성, 정지와 운동, 대립과 점층 등의 의미로 해석했다.

하지만 이런 괴테의 라오콘에 대한 긍정적인 평가에도 불구하고 문학적인 평가에는 소극적이었다. 하지만 레싱은 라오콘의 평가에서, '조형 작품은 공간사이 물체의 형태를 표현하고, 문학 작품에서는 시간사이의 행위 표현이라는 점에서 명확하게 경계를 구분짓고 있다.'고 했다.

이와같은 레싱의 영향으로 괴테는 문학과 미술의 경계를 넘나들며 다양한 활동을 펼쳤다. 괴테는 레싱의 『라오콘』 탐독으로 그림을 제작하기보다는 색채 생성에 관심을 갖는 계기를 만들었다. 이를 계기로 미술과 문학의 차이점을 터득하고 그림그리는 일보다 그림에 관한 예술론에 집중했다. 특히 괴테는 레싱의 『라오콘』을 통하여 직관과 개념의 차이를 이해하려 했다.

레싱은 극작가로도 유명하지만 예술에 관한 이론서로 『다양한 예술에 관하여』(1774)를 저술했다. 이 책은 괴테의 『색채론』보다 46년이나 앞섰다. 여기서 레싱

---

78) 괴테, 『시와 진실』, op.cit., pp.302-303
79) 괴테, 『예술론』, op.cit., pp.71-73

은 중세 독일의 장식적 전통을 기술하고 있는데, 이 책을 읽은 괴테는 '식물에서 원료를 짜내는 방법을 기술하고 있을 뿐만 아니라 여러 다양한 목재들의 굳기나 마르기를 고려하고 특수한 조건에서 색을 들이는 비밀을 담고 있다.'[80]고 평할 정도로, 레싱의 색채 경험에 깊은 관심을 보였다.

3) 괴테와 하만

괴테의 자서전 『시와 진실』에는 하만(J.G.Hamann, 1730~1788)이 등장한다. 괴테가 하만을 알게 된 배경에는 헤르더가 하만의 문학적 가치를 높게 평가한 것에 있다. 괴테가 '그(헤르더)는 우선 나(괴테)에게 그가 대단한 가치를 인정하고 있는 하만의 저술을 소개해 주었다.'[81]고 한데서, 괴테와 하만과의 간접적인 관계를 확인할 수 있다.

당시, 하만은 질풍노도 시대의 숨겨진 시조(始祖)로서 신앙과 감정을 중요시한 미학자였다. 그는 『미학소론』(1762)에서, '인간과 자연과의 관계는 신과 인간과의 관계와 유사하기 때문에 신앙으로 가득찬 인간의 창조활동만이 맹목적인 자연에 휘황찬란한 색채를 부여할 것이다.'[82]고 했다. 특히 하만은 언어를 인간의 가장 근원적인 창조 활동의 수단으로 보고 언어의 기원에 대해서 많은 관심을 가졌다.

하만은 언어가 궁극적으로 신(神)에게서 기인하는 것이라는 점을 주장하는 동시에 언어에서 형상이 개념에, 그리고 감성이 지성에 앞서는 것으로 인식했다. 괴테는 감각적, 심성적인 관점에서 색채를 고찰했다. 괴테는 헤르더의 소개로 하만의 저서와 접하게 되는데, 당시 괴테는 '하만의 저술이 내 마음에 드는 것을 느껴,

---
80) 만리오 브루자틴, 『색 역사와 이론을 중심으로』, 이수균 옮김, 미진사, 1996, p.46
81) 괴테, 『시와 진실』, op.cit., p.388
82) 다케우찌 도시오, 『미학 예술학 사전』, 안영길 역, 미진사, p.63

그 유래나 결과도 모르면서 나는 그것에 열중했다.'83)고 회고했다.

당시 헤르더는 하만의 철학을 설명하거나 이해시켜주지는 못하였으나 하만의 창의적인 정신을 괴테는 수용한 것으로 보인다.

4) 괴테와 헤르더

괴테가 헤르더를 만난 것은 스트라스부르 대학에 입학하고 법률사 예비시험에 합격한 직후인 1770년 9월경이었다. 당시 괴테는 헤르더(J.G.von Herder, 1744~1803)와의 만남을 다음과 같이 회고했다.

> 나에게 매우 중요한 결과를 초래했던 현저한 사건은 헤르더와 알게 된 것이며 계속해서 그와 친밀히 교제했던 일이다. (생략) 그가 도착했다는 소식을 듣자마자 그에게 접근하고 싶어하는 열렬한 욕망이 솟아올랐다. (생략) 둥근 얼굴, 넓은 이마, 약간 뭉툭한 코, 그리고 다소 벌렁 뒤집혔으나 몹시 개성적이고 보기 좋고 애교있는 입을 가지고 있었다. 검은 눈썹아래 석탄처럼 검은 두 눈은 한쪽이 늘 빨갛게 충혈되어 있었지만 사람들에게 주는 인상의 힘을 잃지 않았다.[84]

이와같이 괴테의 헤르더에 대한 애정은 각별했다. 괴테는 헤르더가 자기보다 다섯 살이나 많았으나 헤르더의 업적을 존중하고 헤르더의 진가를 높이 평가했다. 이런 괴테의 모습에서 괴테가 얼마나 헤르더를 스승처럼 따르고, 그의 철학에 심취했는지를 알 수 있다.

> 나는 나날이 시시각각 새로운 의견을 얻었다. 나는 라이프치히에서 일상 좁고 꼼꼼한 일에만 종사했고, 또 프랑크푸르트에서는 나의 독일문학에 대한 일반적인 지식

---

83) 괴테, 『시와 진실』, op.cit., p.389
84) Ibid., p.382 괴테가 헤르더를 만난 것은 1770년으로 스트라스부르 대학에 입학한 직후인 것으로 보인다.

을 넓혀 주지 못했다. 오히려 그 신비적이고 종교적이고 화학적인 일은 나를 암흑시대로 이끌어갔던 것이다. 그런데 돌연 헤르더와의 만남을 통해서 최근의 모든 활동과 앞으로 나아갈 방향에 대해서 알게 되었다.[85]

여기에서 '앞으로 나아갈 방향'이라는 의미가 주는 것은 명확하지 않지만 예술의 새로운 접근을 시도하려는 의도로 보인다. 특히, 괴테는 헤르더의 『최근 독일 문학에 대한 단상』(1767), 『언어기원론』(1772)[86]에 관심을 보이고, '어떻게 해야 시(詩)가 창조적으로 될 수 있는가.'에 대한 의문을 가졌다.[87]

헤르더는 언어와 시의 기원을 찾아 거슬러 올라가 여기에 나타난 순수하고 창조적인 과정을 발생학적으로 이해하려 했다. 헤르더의 이런 근원적인 문제 접근에 괴테는 큰 감화를 받았다. 이런 헤르더의 언어 창조 과정이 괴테의 색채론 발굴에도 영향을 주었을 것이다.

괴테는 헤르더와의 만남에서 그의 창조 정신을 깊게 이해하고 있었다. 특히 헤르더는 베를린시(市)가 주최하는 현상 공모에 '언어의 기원'이라는 테마로 응모할 예정이라고 괴테에게 알려 주었다. 이와같이 괴테는 헤르더와의 관계를 자랑스럽게 생각하고 있었다. 헤르더의 논문 평에서, '어떻게 해서 인간이 인간으로서 자기 힘으로 하나의 언어를 갖게 되었는지.'라며, 헤르더의 언어 발생에 관한 연구에 깊은 관심을 보였다.

> 인간이 신에게서 기원한 것이라면 사실 언어 그 자체도 신에게서 기원한 것이며, 또한 인간을 자연의 부류에 속한다고 관찰한다면 언어도 물론 자연적인 것이다. 나는 이 두 가지를 영혼과 육체와 마찬가지로 절대로 분류할 수 없다.[88]

---

85) Ibid., p.385
86) 요한 고트프리트 폰 헤르더, 『언어의 기원에 대해서』, 조경식 옮김, 한길사, 2003
    괴테, 『언어기원론』, 김성태 옮김, 단국대학교 출판부, 2000
87) 다케우찌 도시오, 『미학 예술학 사전』, op cit., pp.63-64
88) 괴테, 『시와 진실』, op.cit., pp.385-386

여기서 헤르더는 언어를 인간 이상의 영혼에 대한 자기 이해로 이해했다. 이것은 언어로 구성된 시(詩)가 우리들에게 작용하는 것은 언어라는 소리를 통해서 전달되기보다 그 의미를 통해서 시간적으로 혹은 공간적으로 나타나는 현상의 다양성이, 하나의 시적 전체로 통합되어 전달되기 때문이다.

괴테는 헤르더가 예술을 그 자체의 내면적 법칙에 근거하여 유기적 개체로서 인식하고, 각 시대, 각 민족 그리고 각 개인의 예술가에 이르기까지 예술의 다양성을 인정한 점과 시와 언어에 대해서 그 기원을 중시하여 발생학적으로 이해한 것에 깊은 관심을 보였다.

헤르더의 시적 사고는 각분야의 개체성 이론을 만들어내고 예술에 있어서 이런 범주를 벗어날 수 없다라는 인식, 즉 괴테로 하여금 색채에 대한 언어적 인식을 통한 새로운 접근이 가능하지 않을까라는 의문을 갖게 하는 계기를 만들었다.

5) 괴테와 빙켈만 그리고 헤르더

여기서는 괴테가 가장 관심을 보인 빙켈만의 『고대예술사』와 헤르더의 『언어기원론』에 대해서 살펴보기로 한다. 헤르더는 빙켈만이 로마를 방문한지 30여년이 지난 1788년 가을에 이루어졌다. 김대권은 '그(빙켈만) 또한 고대 그리스 문화의 우수성을 인정하며, 이것의 장점을 적극적으로 수용하고자 했다. 다만, 헤르더는 빙켈만과는 달리 더욱 철저하게 고대 그리스 문화를 역사적인 한 현장, 특정한 시기의 산물로 이해함으로서 그리스 문화의 규범성내지 전범성(典範性)을 상대화시켰다.'[89]고 하여, 고대예술에 대한 빙켈만의 호의적인 면과 헤르더의 개체적인 면과의 사이에 어느 정도 이념적 차이를 보여주고 있다.

하지만 괴테가 빙켈만보다 헤르더의 고대 그리스관을 더 높이 평가한 것은 고

---

89) 김대권, 『빙켈만과 헤르더의 그리스관』, 한국괴테학회, 2006, p.137

대예술의 상징성내지 규범성을 넘어 독일만의 예술적 가치를 찾을 수 있지 않을까 판단했기 때문이다. 특히 빙켈만은 고대 그리스 예술의 본질과 특징을 당시의 시대적, 자연적 배경에만 두지 않고 다른 지역에도 대안이 될 수 있다는 가능성에 무게를 두었다. 빙켈만은 다음과 같이 그리스 예술에 대해서 상찬하였다.

> 예술의 가장 순수한 원천이 열려 있다. 그것을 발견하고 맛보는 자는 행복하다. 이 원천을 찾는다는 것은 아테네로 여행한다는 것을 의미한다.[90]

이런 빙켈만의 언급에 괴테는 감탄하고 그리스 여행을 기획하는 계기가 되었다. 하지만 빙켈만의 고대 그리스관에 대해서 헤르더는 호의적이면서도 다른 측면, 즉 변화라는 의미에 무게를 두었다. 다시 말하면 '변화의 정신은 역사의 핵심이다.'는 헤르더의 역사관은 '인간의 역사는 변화의 장으로 역사는 끊임없이 변하기 때문에 동일한 순간은 존재하지 않는다.'는 것을 보여 주었다. 또한 그는 인간의 외형은 유사하나 인간의 내면은 각기 다른 독자성을 갖고 있어 한 민족의 문화도 독자적인 가치를 지니고 있으며 나름대로의 척도 기준을 갖고 있다고 보는데, 헤르더는 이를 '개체성 이론'[91]으로 정의했다.

헤르더는 빙켈만의 고대 그리스 문화에 대한 상징성내지 편향성, 그리고 모방성이 자칫 독일 지역문화에 위축이 되지 않을까 우려했다. 하지만 헤르더는 빙켈만의 업적을 높이 평가하면서도 고대 그리스 예술이 시간적으로 초월한 의미 부여에 대해서는 비판적이었다. 따라서 헤르더는 빙켈만이 좀 더 고대 그리스 문화

---

90) 헤르더는 빙켈만의 그리스관(觀)을 부정하는 측면도 있지만, 빙켈만이 고대 그리스 문화를 하나의 대안으로 찾으려는 시도에는, 그를 높게 평가했다. 왜냐 하면 빙켈만이 당시 독일사회의 문학이나 미술 분야에 자극을 주기 위한 시도였기 때문이다.(김대권, 『빙켈만과 헤르더의 그리스관』, op.cit., p.139)
91) 강성호, 『헤르더의 사상에 나타난 '총체적' 역사 인식』, 史叢(40), 高大史學會, 1992, pp. 263-294

를 역사주의적 관점에서 고찰하였더라면 하는 아쉬움을 드러냈다.

빙켈만과 헤르더는 비록 시기적으로 33년이라는 시간적 간격을 두고 고대 문화에 관심을 갖게 되었지만 빙켈만이 고대 그리스 문화의 독창성과 가치를 인정한 반면, 헤르더는 고대 그리스 문화의 독자성을 존중하면서도 한편으론 다른 문화와의 유기적 관계를 중시하였다는 점에서 차이를 보였다.

05. 괴테의 『색채론』과 색채 생성 원리

1) 괴테의 색채 발견

지금까지 괴테의 자서전 『시와 진실』에 나타난 문학자와 그들의 이론에 대한 괴테의 생각을 살펴봤다. 그중에서 역사에 대한 인식, 예술에 대한 이해, 그리고 언어의 발생 과정에 관심이 많았다. 이런 열정은 자연을 관찰하고 실험하면서 느낀 점을 체계화시키고 이론화하는데 많은 도움이 되었다. 특히 역사 예술적 바탕에 내재되어 있는 괴테의 문학적 소질은 색채에 대한 인식을 한 단계 끌어올리는 계기가 되었다.

괴테가 언제부터 색채에 관심을 갖게 되었는지는 확실하지 않지만 어릴적 부모의 영향을 받아 그림에 관심을 가졌고, 한때 화가가 되려고 생각할 정도로 그림에 조예가 깊었던 것만은 확실하다. 이는 괴테 자신이 발행한 잡지 『프로필레엔』의 서문에서도 알 수 있다.[92]

---

92) 괴테, 『예술론』, op.cit., p.49

> 한 예술가가 대상과 자신의 영혼 속에 깊이 파고들어, 자연과의 경쟁을 통해 단지 가볍고 피상적인 것뿐만 아니라 정신적이고 유기적인 것을 창출하고, 예술작품에 그러한 내용, 그러한 형식을 부여하는 것은—이것을 통해 예술작품은 자연적인 동시에 초자연적으로 보인다.—오늘날 더욱 더 드문 일이다.

괴테는 이어서 색채라는 언어를 문장 중에 의도적으로 넣어 주제로 삼고 있다.

> 예술가는 비유기적인 물체나 일반적인 자연현상에 대해서도—특히 그것이 소리나 색채처럼 예술적 필요를 위해 사용할 수 있다면—이론적으로 지식을 넓혀야 한다.

괴테의 이런 색채에 관한 언급에서 사물에서 느끼는 감각이나 실험을 통해 아름다운 외관을 이끌어내는 과정이 필요하며, 이를 위해 예술가는 '멀리 우회하는 수고'를 아끼지 말아야 함을 강조했다. 여기서 괴테 스스로 '멀리 우회하는 수고'라는 표현을 사용하고 있는데, 이는 바로 뉴턴의 색채이론을 뒤집을 만한 '수고'로, 이는 새로운 '색채 생성의 발견'에 대한 자신의 의지를 피력한 것으로 보였다. 괴테는 보다 구체적으로 예술가인 화가가 색채로부터 얻어낼 수 있는 것이 무엇인지 스스로 자문할 정도였다. 괴테는 뉴턴의 업적을 은유적으로 평가, 절하했다.

> 지금까지 물리학자의 색채이론을 경탄의 눈빛으로 바라볼 뿐, 거기에서 어떤 이득을 이끌어낼 수는 없다.[93]

여기서 물리학자는 뉴턴을 지칭한다. 괴테는 좀 더 구체적으로 뉴턴의 물리학적 색채이론을 많은 연구자들이 그대로 차용한 것에 의문을 제기했다. 이런 괴테

---

[93] Ibid., pp.54-55

의 의도에는 주어진 색채를 그대로 사용하기보다 예술가의 타고난 감각, 지속적인 연습, 그리고 실용적인 필요에 따라 독자적인 선택을 해야만 한다는 것을 의미한다. 다음의 글에서도 괴테가 뉴턴의 색채이론을 의식한 것을 여러 곳에서 찾을 수 있다.

> 어쩌면 색채적 자연작용이 자기적 자연작용이나 전기적 자연작용 등과 마찬가지로 대립과 통일을 아우르는 하나의 상호관계, 하나의 극성에 토대를 두고 있다는 추측이 사실로 증명될지도 모른다. (생략) 우리는 이 이론을 상세하게 그리고 예술가가 이해할 수 있도록 제시하는 것을 우리의 의무로 삼을 것이다.[94]

괴테는 『프로필레엔』의 창간을 통해 예술가를 위한 '색채의 사고'를 공개의 장(場)으로 끌어냄과 동시에 토론을 거쳐 뉴턴의 색채이론이 잘못됐음을 증명하려 했다. 그는 이 잡지의 창간을 계기로 뉴턴의 색채이론에 대한 반전을 꾀하였다.

괴테는 자연현상의 실험을 통해서, 뉴턴의 색채이론이 잘못됐음을 증명해 보이려는 희망을 버리지 않았다. 이런 괴테의 색채에 대한 접근은 경험적 관찰을 배경으로 하고 있지만 실제로는 18세기 철학자의 인식론에서 영향을 받은 바 크다. 괴테는 『색채론』 발표이후 혹독한 비판을 받았지만 인간의 감성과 자연관찰에 바탕을 둔 자신의 『색채론』이 언젠가 높이 평가받을 것으로 확신했다.

2) 뉴턴의 인식과 괴테의 색채 경험

뉴턴이 '프리즘에 의한 빛의 굴절로 색채가 생성된다.'고 본 것에 대한 괴테의 거부감은 상상을 초월했다. 이는 에커만의 『괴테와의 대화』에 보다 명확하게 나타나 있다.

---

94) Ibid., p.56

그리고 나서 그는 특히 색채론과 자신에 대한 완고한 반대자들에 관하여 많은 이야기를 했고, 이 학문 분야에서 많은 공적을 세운 것으로 자부한다는 말을 했다. (생략) 나에게는 뉴턴 학설의 오류가 할당되었지. 지금 세대의 사람들은 내가 이 분야에서 이룬 업적을 전혀 알지 못하지만 미래의 시대에는 내가 이어받은 유산이 결코 하찮은게 아니었다는 점이 인정될 것이네. [95]

위의 글에서 괴테는 뉴턴의 색채이론이 잘못됐다는 것을 가리기 위한 노력이 헛되지 않을까하는 두려운 감을 느끼면서도 언젠가 자신의 노력이 인정받게 될 것을 희망했다. 바꿔 말하면 당시 괴테는 자신의 색채론이 학계의 인정을 넘어 뉴턴의 색채이론보다 '낫다'고 자평했다. 실제 그의 『색채론』은 후세 철학자는 물론 색채 관련 분야에서 높은 평가를 받았다. 한 예로 신지학자이자 철학자인 슈타이너(R.Steiner, 1861~1925)는 괴테의 색채론에 대해, 『예술과 미학』(1927)에서 다음과 같이 평했다.

이런 현상(괴테에 대한 관심)을 무시하는 것은 우리들 문화의 기반을 포기하는 것이고, 또한 우리들의 교양을 발전시키려는 의지없이 밑바닥을 배회하는 것이다. 또한 괴테에 대한 이해만으로 우리가 살고 있는 문화를 이해하고 걸어가야 할 길을 알게 될 것이다.[96]

슈타이너는 괴테의 문학성이나 자연관찰에 대한 의지는 한 개인의 이상을 넘어 장래 모든 인간이 본받아야 할 행위라고 높이 평가했다. 또한, 그는 자연에 대한 괴테의 사랑이 얼마나 깊은지를, 다음의 글에서도 알 수 있다.

---

95) 요한 페터 에커만, 『괴테와의 대화』(1), 장희창 옮김, op cit., pp.158-159/요한 페터 에커만, 『괴테와의 대화』(1), 곽복록 옮김, 동서문화사, 2007
96) シュタイナー,『藝術と美學』, 西川陵範 訳 平河出版社, 1989, p.56(저자 옮김)

진화하는 정신의 풍성함과 새로운 시대의 높은 교양을 갖고 자연에 귀속하는 것이다. (생략) 자연이여! 우리들은 당신(자연) 안에 둘러싸여져 있고 품어져 있습니다. 우리들은 자연으로부터 이탈하는 것도 자연으로 파고 들어가는 것도 불가능합니다. (생략) 우리들은 피곤에 지쳐 그대의 품 안에 쓸어질 때까지 자연은 우리들과 함께 걸어갑니다.[97]

슈타이너는 괴테가 자연과 인간을 분리하지 않고 하나로 보는 전체성에 대한 인식을 지각했다. 괴테는 현실로부터 떨어져 자연과 공통성을 갖지 않는 추상적 세계관을 인정하지 않았다. 자연 속에 몰입하여 자연의 영원한 변화와 생성, 그리고 그 운동 안에서 불변의 법칙을 발견하려는 그의 의지에서 색채론이 체계화되었다. 이런 괴테의 자연에 대한 시선, 즉 자연과 정신, 이상과 현실을 별개로 보지 않고 하나로 인식하는 괴테의 정신은 뉴턴의 색채이론을 부정하는 계기가 되었고, 더불어 색채의 생성을 다른 차원으로 접근하려는 괴테의 노력이 『색채론』을 탄생시키는 계기를 만들었다.

앞에서 언급했듯이, 괴테가 모든 위험을 무릅쓰면서까지 '금세기 색채론이라고 하는 난해한 학문을 정확히 알고 있는 사람이 나(괴테) 혼자뿐'이라고 자화자찬한 것에는 색채 생성이 단순한 기계적, 물리적 조작에 의한 것이 아닌 자연에 대한 오랜 관찰로부터 얻어진 결과였기 때문에 가능했다.

괴테는 뉴턴이 주장하는 빛의 굴절, 즉 백색광이 프리즘을 통과하면 파장이 긴 것과 짧은 것에 따라 색채가 구분되어 빛(백색광)에서 색깔(유색광)이 만들어진다는 의견을 받아들이지 않았다. 이는 색채가 자연현상에 담아있는 혼(魂)의 상호 교감을 무시하고 단지 기계적으로 생성될 수 없다는 인식이다.

괴테는 『색채론』을 집필한지 2년이 지난 1792년, 전쟁터에서 새로운 색채 경험을 하게 되면서 다음과 같은 기록을 남겼다. 여기서 색채 경험이란 물속에 있는

---

[97] Ibid., op.cit., p.62

도자기 조각에 의해서 만들어진 빛의 현상을 가리킨다.

> 동그랗게 자리를 잡은 몇몇 병사들이, (생략) 구덩이 주위에 웅크리고 있었다. 그 구덩이는 물로 가득차 있었으며 직경이 10m 정도는 되어 보였다. 거기는 많은 물고기들이 있었는데, (생략) 나는 곧 이 작은 물고기들이 움직이며 여러 가지 색들을 반사하고 있는 것을 알 수 있었다. (생략) 웅덩이에 작은 조각이 떨어져 있었는데, 그것이 나에게 아름다운 프리즘의 색들을 주었다. 바닥보다도 더 뚜렷이 도자기 조각은 내 반대편에 파랑과 보라를 그리고 내 옆쪽에는 빨강과 노랑을 주었다.[98]

괴테는 신비한 색채 경험을 확인하기 위해 웅덩이에 도자기 조각을 던져 넣어 같은 현상을 발견했다. 괴테는 「괴테의 편지 가방에서」라는 논문에서, '위대한 화가는 누구나 자신이 느낌으로 파악한 크고 작은 자연의 모습을 통해서 감상자로 하여금 묘사된 역사의 시대 속으로 다시 들어와 있도록 믿게 만든다.'[99]라고 했다.

괴테는 프리즘 현상, 광학적 실험, 그리고 자연계에 일어나는 착시현상이라든가 보색잔상의 상세한 관찰을 통하여 뉴턴의 색채이론과는 다른 색채 실험을 했다. 이런 관찰과 실험을 바탕으로 괴테는 『색채론』에서 색채를 생리적 색채, 물리적 색채, 화학적 색채로 구분했다.[100]

여기서 생리적 색채는 주관적인 색으로 보는 이의 눈을 통해서 나타나는 현상이고, 물리적 색채는 투명하고 반사하는 물질 혹은 이런 물질의 결합으로 얻어지는 객관적인 색채를 말한다. 마지막으로 화학적 색채는 물질이나 실체의 변화로 이루어진 색채를 말한다. 이와같이 괴테는 뉴턴의 색채이론을 의식하면서 자신만의 색채 생성에 대한 논리를 이어갔다.

---

98) 마리오 브루자틴, 『색 역사와 이론을 중심으로』, op.cit., pp.114-115
99) 괴테, 『예술론』, op cit., p.32
100) ゲーテ, 『色彩論』(ゲーテ全集·14), op cit., pp.318-428

3) 괴테의 『색채론』 개요

괴테의 『색채론』은 3부로 구성되어 있다. 색채 현상을 추적하는 이론서인 「교시편」, 근대주의 과학적 색채 연구의 원전에 해당하는 뉴턴의 『광학』을 비판하는 「논쟁편」, 그리고 고대로부터 18세기까지 색채 연구의 역사를 추적하는 「역사편」으로 이루어져 있다. 「교시편」에서 눈이 만들어내는 생리적 색채, 광선의 굴절에 기인하는 물리적 색채, 그리고 물체의 속성에 해당하는 화학적 색채로 구분했다. 특히 괴테의 색채론이 관심을 받는 이유는 색채가 근대 과학의 성과인 합리적이고 분석적인 결과로서보다는 인간의 감성에 의지하여 나타나는 현상으로 인식한데 있다.

괴테는 『색채론』의 서문에서, '색채라고 하는 것은 빛의 작용, 이것의 능동적인 작용과 수동적인 작용에 의해서 생겨난다.'[101]라든가 '색채는 눈이라고 하는 감각에 대한 자연의 규칙적인 현상이다.'[102]라고 했다. 이런 괴테적 색채 인식은 색채가 빛의 분리로 발생되는 것이 아니라 빛과 어둠의 경계, 투명과 불투명의 접촉, 그리고 물체와 공간과의 상호작용으로 인한 현상을 말한다. 하지만 뉴턴 이래 색채론의 획기적 전기를 마련한 괴테마저, '투우는 붉은 천을 펼쳐 보이는 것만으로 난폭하게 군다. 하지만 철학자는 색채를 화제로 삼는 것만으로도 흥분하고 이성을 잃는다.'[103]고 할 정도로, 색채 현상에 대한 정의가 아직 끝나지 않았음을 보여줬다.

---

101) 괴테, 『색채론』, 장희창 옮김, op cit., p.29/ゲーテ, 『色彩論』(ゲーテ全集·14), op cit., p.306
102) Ibid., p.41(Ibid., p.314 참조)
103) Ibid.

4) 색채 생성의 원리

괴테의 인식을 설명하는 개념 중에 양극성(polarity)과 상승(sublimate), 그리고 총체성이 있다. 괴테는 이 중에서 양극성을 자연현상은 물론 인간의 삶에도 보편적으로 작용하는 원리로 보고 있다. 괴테는 이를 다음과 같이 논했다.

> 단순한 기호가 현상 자체를 나타내는 그러한 기호 언어가 필요하고 적절하다는 사실에 대해서, 우리는 자석에서 빌려온 양극성의 용어를 전기 등에 적용함으로써 잘 알고 있다. 거기서 사용할 수 있는 플러스(+)와 마이너스(-)는 많은 현상들을 설명하는데 적절하게 동원되었다. (생략) 그래서 우리는 오래 전부터 양극성이라는 표현을 색채론에 도입하려고 시도해 왔다.[104]

괴테는 다양한 시각적 색채 경험들을 언어로 표현하기 위해 적절한 용어의 선택을 필요로 했다. 그 중에 하나가 양극성 개념이다. 양극성은 서로 대립되는 요소들이 상호작용하여 나타나는 현상을 말한다. 괴테는 『색채론』에서 양극적으로 대립되는 현상의 이원성, 예를 들면 빛-어둠, 밀어냄-끌어당김, 플러스(+)-마이너스(-) 등의 개념을 말한다.

> 우선 빛으로부터 노랑색이 나타나며, 또 다른 색은 암흑으로부터 생겨나는데, 이를 파랑이라고 표기한다. 이 두 가지 색이 아주 순수한 상태에서 혼합되어 균형을 유지한다면 제3의 색이 생겨나는데, 이를 우리는 녹색이라고 부른다.[105]

이와같이 괴테는 빛과 암흑(밝음과 어두움)의 상호작용으로 색채가 발현되는

---

104) 괴테, 『색채론』, op cit., pp. 246-247
105) 조우호, 「괴테의 색채론에 나타난 자연과학 방법론」, 괴테연구(제24집), 한국괴테학회, 2011, p.107

최초의 양극적 현상으로 인식했다. 그는 또한 '그것들(양극성)이 혼합되어 개별적인 특성들을 서로 소거하게 되면 일종의 그림자, 즉 회색이 생겨난다.'[106]고 했다. 여기서 그림자 혹은 회색은 색채의 혼합이 아닌 색채의 양극적 작용으로 인한 결과였다.

여기서 회색에 에너지 강도를 높이면, 즉 밝게 하면 노랑이, 그리고 에너지 강도를 낮추면, 즉 어둡게 하면 파랑이 생겨난다는 인식이다.[107] 이와같이 기본적인 양극적 현상에 새로운 조건을 부여(밝게 혹은 어둡게)하면 새로운 색채가 생성된다는 논리이다. 빛과 어둠이 눈과의 상호작용으로 색채 인식되는 것은 직관력에 의한 것이다. 괴테는 이런 현상을 원형현상(Urphänomen)[108]으로 정의했다.

> 우리는 전체 자연이 색채를 통해서 시각에 그 모습을 드러내고 있다. 다소 기이하게 들릴지는 모르지만 이제, 우리의 주장은 눈이 형태를 보는 것이 아니라 밝음과 어둠, 색채 모두가 눈으로 하여금 한 대상을 다른 대상으로부터, 그리고 대상의 부분들을 서로 간에 구분케하는 그 무엇을 만들어낸다는 사실이다.[109]

또한 괴테는 다음과 같이 논한다.

> 요컨대 색채란 시각과 관련하여 하나의 근원적인 자연현상이며, 시각은 여타의 모든 감각들과 마찬가지로 분리와 대립, 혼합과 결합, 고양과 중화, 전달과 분배 등을 통하여 자신을 드러내고, 이러한 일반적인 자연의 공식들에 의해 가장 잘 직관되고 파

---

106) 괴테, 『색채론』, op cit., p.43
107) 조우호, 「괴테의 색채론에 나타난 자연과학 방법론」, op cit., p.108
108) 괴테는 『색채론』의 여러 곳에서 원형현상에 관해서 논했다. 원형현상의 세 요소로 '빛, 어둠, 색채'를 들고 있다. (괴테, 『색채론』, op cit., p.39) 원형현상의 개념은 원현상, 근본현상, 근원현상, 순수현상 등으로 쓰이고 있다. 예를 들면 원현상(p.95, 96), 근본현상(p.89, 95), 순수현상(p.330) 등이다.
109) 괴테, 『색채론』, op cit., p.39

악될 수 있는 것이다.[110]

괴테의 색채 생성 원리는 빛과 어둠의 양극적 작용을 통하여 색채가 발현되는 현상, 즉 원형현상이다. 괴테는 자연에서 원형현상을 이해하기 위해서는 눈으로 직접 경험하는 것도 중요하지만 눈으로 보이는 것 이상의 직관적 자연 인식도 필요하다고 보았다.

---

110) Ibid., p.41

마무리

괴테는 시인이자 문학가이기에 앞서 자연과학자로서 인정을 받기를 원했으며 전 생애를 통하여 자연현상에 대한 탐구를 게을리하지 않았다. 뉴턴의 『광학』에 대한 연구, 특히 그의 색채 실험에 관한 성과를 부정할 정도로 자신이 이룬 『색채론』에 자신감을 보였다. 당시 누구도 인정하지 않았던 괴테의 『색채론』이 많은 시간이 지난 후에야 인정을 받게 된 것은 단순히 『색채론』의 이론적 결과만이 아닌 자연현상에 대한 깊은 이해와 관찰, 그리고 끊임없는 실험의 과정을 통하여 얻은 결과였기 때문이다.

괴테의 『색채론』 형성 배경에는 18세기 독일철학자인 빙켈만의 고대예술에 대한 탁월한 해석, 하만과 레싱으로부터의 언어의 발생적 기원에 대한 관심, 그리고 헤르더와 보낸 많은 시간은 괴테로 하여금 좀 더 역사를 새롭게 인식하는 계기가 되었다. 그는 또한 민족이나 문화의 독자적인 가치를 개체성 이론으로 체계화한 헤르더의 연구에도 관심을 가졌다.

헤르더의 이런 개체성 이념은 고대예술을 달리 보고자 했던 괴테가 자기 나름의 이념을 갖도록 하는데 중요한 정신적 디딤돌이 되었다. 따라서 헤르더의 철학으로부터 영향을 받은 괴테는 다양한 활동을 통하여 또 다른 연구를 수행할 수 있는 계기를 만들었다. 이는 괴테의 저서 『프로필레엔』의 서문에서도 알 수 있었다.

결과적으로 괴테의 『색채론』 형성 배경에는 헤르더의 철학사상이 바탕이 되었지만 실제로는 뉴턴의 색채이론에 대한 저항이었다. 괴테의 다양한 문학적 성과에도 불구하고, 『색채론』은 괴테가 가장 심혈을 기울인 자연과학서이자 색채 관련 연구서로 괴테 스스로도 이를 굉장한 발견으로 자평하였다.

괴테의 『색채론』이 당시 자연과학자들의 부정적 시각에도 불구하고 독자적인 색채론을 체계화시킨 계기는 뉴턴의 색채이론에 대한 반작용도 있지만 다양한 경험과 체계적인 색채 실험을 이론화시킨 것에 있다.

3

헤겔

색채의 양극성과 이중 현상

01. 괴테와의 만남과 색채 인식

　헤겔(G.W.F.Hgel, 1770~1831)이 괴테와 만난 것은 1801년 10월 경으로, 당시 괴테는 색채론을 집필하고 있던 중이었다. 헤겔은 괴테와의 만남 이후 3년(1803~1806)에 걸쳐 괴테의 색채론에 대한 연구와 실험을 병행한 것으로 알려져 있을 만큼, 괴테의 자연철학적 관점에서 색채 생성에 많은 관심을 보였다. 당시 괴테는 헤겔에게 보낸 편지에서, 『자연과학을 위하여』라는 책이 곧 출판된다고 알리면서 '원형현상이 절대자로부터 따뜻하게 받아들여진 것에 대하여 마음으로부터 인사를 전합니다.'라고 은유적으로, 헤겔이 자연현상에 관심가질 것을 권유했다. 이런 영향을 받은 헤겔은 색채론에 관한 강의를 준비하고 있다고 괴테에게 알릴만큼 색채 연구에 관심을 보였다.[111]

　헤겔은 괴테와의 접촉으로 색채의 과학적 접근보다 자연현상으로 인한 색채의 생성에 더 많은 관심을 보였다. 이로 인해 헤겔의 주요 저서, 『정신현상학』, 『엔치클로페디』(「자연철학」)에 색채 언어가 많이 등장하는 것을 알 수 있다.

---

111) 加藤尙武, 「ヘーゲルの個體論とゲーテの色彩論」, ヘーゲル哲學硏究(Vol.19), 日本ヘーゲル學會 編, 2013

02. 뉴턴의 색채이론 비판과 괴테의 『색채론』

1) 헤겔의 뉴턴 비판

'빛은 색채가 합성된 것이다.'라는 뉴턴의 색채이론에 대해서, 헤겔은 '모든 개념에 직접 모순되는 것으로, 극히 조야(粗野)하고 형이상학적인 것이다.'라든가 '깨끗한 물이 마치 일곱 가지의 흙으로부터 나오는 것이다.'라고 비판했다.

헤겔은 이런 야만적인 생각은 비난받아도 충분하다고할 만큼 뉴턴의 색채이론을 폄하했다. 다음은 뉴턴의 자연 인식에 관한 헤겔의 비판이다.

> 유형의 사물에 질서를 부여하는 것은 그것을 창조한 이에게 어울리기 때문이다. 그리고, 만약 그것이 신의 영역이라면 세계의 기원을 다른 것에서 구하는 것, 즉 세계는 단순한 자연법칙에 의해서 혼돈으로부터 생겨난다고 하는 것 등의 주장은, 비철학적(非哲學的)이다. 하지만, 일단 형성하게 되면 세계는 자연법칙에 의해서 오랜 기간에 걸쳐 지속되는 것이 가능하다.[112]

여기서 '유형의 사물에 질서를 부여하는 것'은 신의 영역이라는 뉴턴의 인식, 즉 '창조한 이'가 물질에 다양한 힘을 가하기 때문에 생겨난다는 인식이다. 다시 말하면 창조적 행위는 외적이고, 기계적이고, 임의적이고 우연적이라는 것이 뉴턴의 자연과학적 시각이었다. 다시 말하면 '세계는 자유의지에 기초하여 창조되었다.'는 것을 의미한다.[113]

이러한 뉴턴의 사고에 헤겔은 동의하지 않았다. 여기서 뉴턴과 헤겔의 인식 차

---

112) 小島優子,「ゲーテ『色彩論』のヘーゲルに對する影響」, 上智哲學誌, 上智大學大學院 哲學研究所, 2003(15), pp.25-29(저자 옮김)
113) Ibid., pp.30-31

이는 '신적인 행위가 물질에 다양한 힘을 가할지라도 사물 자체에는 고유한 것이 있고, 또한 사물에 대립하는 내면적 원리로 물질의 본성을 이루고 있다는 것을 인정해야 한다.'는 것이다. 헤겔은 뉴턴의 '외적'인 힘의 논리에 대해서 '내재적인 힘의 작용'으로 이해했다.

2) 괴테의 영향과 자연현상 인식

괴테는 빛과 어둠, 낮과 밤의 서로 다른 양극적 요소가 상호작용하여 색채가 발현되는 것으로 인식한 것에 반해, 뉴턴은 빛 안에 색채가 있어, 이를 분리하면 색채가 생성되는 것으로 해석한 두 거장의 인식 차이에서, 헤겔은 고민하지 않고 괴테의 색채 인식에 동의했다.

뉴턴은 괴테의 자연 인식과 달리 빛과 어둠은 서로 간섭하지 않는다고 생각했다. 다시 말하면 그는 빛과 어둠이 서로 관계를 맺기보다 상호 독립적인 요소로써 빛과 어둠 이외의 다른 외적 힘의 영향을 받는다고 봤다. 이런 뉴턴의 인식에, 헤겔은 물질 상호간, 즉 빛과 어둠 사이에 서로 내재적인 힘의 작용이 있다고 믿었다. 헤겔은 뉴턴의 기계론적 자연관보다 괴테의 자연현상에 대한 이념을 따르면서 색채는 어떻게 생성되는가에 깊은 관심을 가졌다.

03. 『정신현상학』에 나타난 색채 인식

1) 헤겔의 이원론을 넘은 이중상 인식

헤겔은 『정신현상학』(1806)에서, 피히테(J.G. Fichte, 1762~1814)와 쉘링(F.W.von Schelling, 1775~1854)과의 인식의 차이를 극복하고자 했다. 이는 피히테의 주관적 관념론과 쉘링의 객관적 관념론과의 대립에 대한 이념적 통합으로 절대적 관념론이었다. 헤겔의 저서 『피히테와 쉘링 철학 체계의 차이』(1801)에서, 이를 알 수 있다.

> 즉 이와 같이 생성의 존재는 외면으로부터 분열되거나 종합되는 것이 아니라 스스로 자기 자체 내에서 분리되고 또 합일되며 더 나아가서는 그의 형태 가운데 어떤 것에서도 자기를 한낱 제한된 것이 아니라 전체로서 자유롭게 정립하는 것이다. (생략) 그 어떤 제한된 형태 속에서도 자기 자신을 정립하면서 자기 동일을 이루고 있는 생동하는 힘의 반영, 반성이다.[114]

헤겔은 대립적 이념들이 우리가 사는 세상의 모든 곳에 존재하며, 이는 필연이라고 봤다. 또한 그는 대립의 이념이 인식의 차이에서 기원할뿐만아니라 나아가 어떤 인식 과정을 거쳐 상호 통합에 이르는 이성적 사고를 가질 수 없을까 고민했다. 이런 헤겔의 이중상(二重像, 이중현상을 말함)[115] 개념은 괴테의 총체성 이념

---

[114] 헤겔, 『피히테와 쉘링 철학 체계의 차이』, 임석진 역, 지식산업사, 1989, p.135
[115] 加藤尚武, 「ヘーゲルの個體論とゲーテの色彩論」, op cit., p.39
가토는 이중영현(二重映現, doppelschein)으로 기술했는데, 우리말에 없는 이중상(二重像)으로 표현했다. 이는 헤겔이 내부의 영현(映現)과 외부의 영현을 이중으로 설명한 것에 근거한다. 이 용어는 헤겔의 『대논리학』에 두 번 사용되었다.

에 근간을 두고 있다. 『정신현상학』에 나타난 대립의 이념들을 살펴보자.

    이를테면, 흰색은 검은색과 대립되는 한에서 흰색이 되고 매운 것은 단 것과 대립되는 한에서 매운 것이 된다는 식으로, 오로지 타자와의 대립속에서만 사물은 하나일 수 있다.[116]

헤겔은 『정신현상학』의 「서론」[117] 에서 정신현상학을 의식 경험의 학(學)으로 정의했다. 의식의 경험이 정신에 해당한다. 그는 의식의 경험은 지(知)와 대상 간의 분리를 극복하고자 하는 의식적인 노력, 즉 경험한 것을 의식 안에서 분리하고 대립시키려는 시도에서 벗어나 실재와 현상과의 통합을 생각했다.

    이상과 같이 두 요소가 끊임없이 독립을 지향하면서도 또한 서로가 독립해서는 있을 수 없다고 하는 운동의 실태가 이제부터 우리의 관찰의 대상이 되고 있다. (생략) 저마다 독자적으로 존재하는 양극을 연결하는 통일이 매개하는 중심부를 이루는 가운데, 비로소 이들이 존재하는 양극으로 끊임없이 갈라져 간다.[118]

헤겔의 대립, 분리, 분열, 분화 등의 양극적 이념은 '대상이 의식 안에 있음에도 불구하고 의식은 대상이 자신 밖에 있는 것, 즉 자기와 독립적인 것'으로 간주한 것에 기인한다.[119] 또한 케인즈(Howard P. Kainz)도 헤겔의 인식과 마찬가지로 양극성을 분리, 대립의 개념으로서보다는 상호 통합하도록 하는 이념으로 봤다. 이런 통합 과정에서 인간의 의식이 자의식으로서의 실체가 주체로 변형되거나 그 반대로 변형되는 것[120]으로 인해 현상과 개념 사이의 양극을 극복할 수 있

---

116) 헤겔, 『정신현상학』, 임석진 옮김, 한길사, 2005, p.174
117) 강순전, 『정신현상학의 이념』, 세창출판사, 2016, p.233
118) 헤겔, 『정신현상학』, op.cit., p.174
119) 강순전, 『정신현상학의 이념』, op cit., p.233
120) 하우드 P. 케인스, 『헤겔철학의 현대성』, 이명준 옮김, 문학과 지성사, 1998, p.70

다는 것이다.

> 통일의 가장 완벽한 예는 유기체, 의식, 사고과정 등이다. 이들 속에서 더 큰 동일성이 더 큰 복잡성 및 차별성과 함께 손을 맞잡고 간다. 차별성의 필수적인 요소는 헤겔과 비트겐슈타인과 같은 다양한 사상가들에 의해서 제기된 일반 논리학의 동어 반복에 관한 설명에서조차 발견할 수 있다.[121]

헤겔은 더 나아가 양극적 요소의 대립 이념에 머무르지 않고 양극성이 자기의식과 이성을 거쳐 절대지(絶對知)에 이르고, 최종적으로는 처음으로 되돌아오는 이른바 순환적 논리를 폈다. 이런 논리는 동물이나 식물에도 똑같이 적용되는데, 이와같은 헤겔 주장의 배경에는 오랫동안 유지해온 이원성에서 탈피하여 이중성을 지향하려는 의지에 있다. 헤겔의 『정신현상학』에 나타난 이중적 사고를 보자.

> 여기에 정신적인 것의 지(知)와 자기가 정신이라는 것을 아는 지(知)가 나타나야만 한다. 다시 말하면 정신적인 것이 정신 자신에게 대상으로 나타나야만 하고, 그것도 더욱이 직접 나타나 보이는 대로의 모습과는 반성적으로 내면화한 모습을 함께 지닌 이중(二重)의 대상으로 나타나야만 한다.[122]

이러한 헤겔의 이중상[123] 인식은 괴테의 자연 개념에서 확장된 것으로 그 배경에는 서로 다른 양극성이 존재한다. 괴테는 '통합된 것을 분열시키고 분열된 것을 통합시키는 것이 자연의 삶이다.'라는 개념[124], 즉 양극적 대립에만 머무르지 않고 통합과 분열, 분열과 통합이라는 순환적 이념으로, 색채도 이런 순환과정에서 생

---

121) Ibid.
122) 헤겔, 『정신현상학』, op.cit., p.62
123) 加藤尚武, 「ヘーゲルの個體論とゲーテの色彩論」, op cit., p.39
124) 김동중, 「괴테에 있어서 양극성과 승화의 개념」, 독일문학(제34권 제2호 통권 제51집), 한국독어독문학회, 1993, p.340

성된다고 봤다. 따라서 빛과 어둠의 양극적 이중 행위[125], 즉 빛과 어둠의 상호작용으로 색채가 생성된다고 하는 헤겔의 인식은 괴테와 같다.

2) 이중적 현상에 의한 색채 발현

전통적 이원론적 인식에서 벗어난 헤겔의 이중상을, '장미'와 '빨갛다'라는 상호관계를 통해서 예를 들어 보자. '장미는 빨갛다'라는 인식은 우리의 경험을 통하여 알게 됐다. 하지만 '꽃이 빨갛다고 하여 전부 장미는 아니다.'라는 것이다.

이것은 장미 꽃 중에 빨간 꽃만이 아니라는 부정적 인식, 즉 '장미=빨갛다'라는 인식에 대한 반성, 즉 '장미≠빨갛다'라는 것이다. 그렇다고 장미와 빨갛다를 구분짓는 것, 즉 '장미꽃은 빨갛지 않다'라는 인식은 역시 옳지 않다. 장미꽃은 장미 이외의 대상(타자) 안에서 '장미는 빨갛다'라는 변증법적 논리, 즉 장미라는 대상과 빨갛다라는 개념이 동일하다는 논리로, 타자 속의 자기의식, 즉 대타인식(對他認識)을 통하여, 장미와 빨갛다라는 개념이 동일하다는(대상=개념) 인식이다.

다시 말하면 장미의 빨간 현상은 '장미는 빨갛지만은 않다'라는 부정적 인식과 동시에 다른 대상으로부터 '장미는 빨갛다'라고 판단하게 된다. 이것은 장미 자체의 이중적 자기 인식의 작용이 안에서 밖으로 표출되어 나타난 외면성의 결과로서 빨간색으로 인식된 것이다.

헤겔은 이를 '외면(外面)은 내면의 표현이다.'[126], 즉 내면의 외화(外化)라고 『정신현상학』에서 여러 번 강조했다. 외면화의 결과로 나타난 빨간색은 장미라는 대상에 대한 인식의 표피에 불과하다. 이런 장미의 외면성으로 나타난 빨간색에 대해서는 『정신현상학』의 「이성」에서 좀 더 구체적으로 기술되어 있다.

---

125) 헤겔, 『정신현상학』, op.cit., p.178, p.225
126) Ibid., p.299

동물의 욕구와 마찬가지로 식물인 장미도 물, 공기, 땅이라고 하는 외적 요소와 장미 자체의 내적 작용의 통합으로 장미라는 유기체 내에서 다른 색이 아닌 빨강이라는 개체를 만들어낸 것이다.[127]

이러한 헤겔의 이념을 윤병태는 그의 저서 『삶의 논리』(2005)[128]에서 '생명적 의지'로 해석했다. 그렇다면 장미꽃의 빨간색도 장미 자체의 생명적 의지 혹은 유기체 본성의 결과물로 장미 자체의 욕구를 충족시키는 힘의 작용이 다른 색이 아닌 빨강이라는 고유한 색깔로 발현된 것이다. 여기서 색깔은 은유적인 표현 개념으로 식물 자체에도 고유한 색깔이 있다는 논리이다. 다시 말하면, 정신이라고 하는 빛은 의식적 행위로 인해서 그것의 고유한 색깔, 즉 자기(장미)만의 색깔을 갖는다는 것을 의미한다.

예를 들면, 어느 한 사람이 좋은 사람인가 혹은 나쁜 사람인가 하는 판단에는 그 사람이 좋은 옷차림을 한다든가 선한 말씨를 쓰는 외면성뿐만아니라 좋은 행동이 필수적으로 동반되어야 한다는 것을 의미한다. 왜냐하면, 선한 행위로 지금까지 가려져 있던 그 사람만의 정신적 고유한 색깔인 선한 사람이라는 것이 명백하게 드러나기 때문이다. 한 사람의 행위가 갖는 정신적인 요소로서의 색깔을, 헤겔은 『정신현상학』에서 모상(模像)으로 표현했다.

> 결국, 단일한 생명의 실체는 분열이 되어 온갖 형태를 자아내면서, 동시에 자기에게 안겨있는 구별을 해소해 간다. (생략) 그 다음으로 형태, 색채, 경도, 강인성, 그리고 그 밖의 무수히 많은 성질이 다 함께 외면을 이루며 내면에 있는 수(數)의 크기를 표현하는 셈이 되는데, 여기서는 한 쪽이 다른 쪽의 모상이라는 관계가 성립되어 있다.[129]

---

127) Ibid., p.292
128) 윤병태, 『삶의 논리』(대논리학의 개체성), 드래곤출판사, 2005, pp. 265-266
129) 헤겔, 『정신현상학』, op cit., p.216, p.315

이와같이 앞에서 언급한 '장미는 빨갛다'라는 개념은 장미 자체의 내면이 외면화되어 표출된 것으로 장미의 빨간색을 '장미는 빨갛다'라든가 '장미는 빨갛지 않다'라는 이원론적 인식을 넘어 장미 자체의 내적인 힘의 외면화, 즉 장미의 정신적 작용의 결과로서의 색의 발현에 대한 인식이다.

3) 빛의 존재와 빛의 규정에 대한 문제

그리스 시대 이전에는 자연물은 신(神)적 대상이었고, 그 중에서 빛은 주요한 신적 대상의 하나였다. 하지만 헤겔은 자연물로서의 빛의 존재 자체보다 빛이 어떻게 사유되는지에 대해서 더 많은 관심을 보였다.

> 이 빛이 존재의 대타존재(對他存在)는 마찬가지로 단순한 부정적인 것, 즉 어둠이다. 빛의 존재 자신의 외화, 그의 대타존재라는 무저항적 터전에서 그의 창조들은 빛의 방사(放射)이다. (생략) 빛이 스스로에게 부여하는 구별은 더 나아가 현존재의 실체에서 더욱 더 자라나며 자연의 형식들로 형태화한다.[130]

이와같이 헤겔은 빛을 빛 자체로만 논하지 않고 빛과 대립적인 관계에 있는 어둠이라는 이중 관계를 통하여 빛을 사유하려 했다. 빛은 타자를 개체화시키는 보편자, 즉 다양성을 산출하는 요소로 인식한 것이다. 실제 빛은 절대자를 의식하는 최초의 대상이었다. 헤겔이 '현상은 내면을 매개한 것'이라는 해석은 자연현상이 내면의 본질로부터 생겨난 것[131]을 의미한다.

이와같이 헤겔은 빛을 하나의 자연물이나 물리적 현상으로 보는 뉴턴의 빛에

---

130) 가토 히사다케, 『헤겔사전』, 이신철 옮김, 도서출판 b, p.179
131) 강순전, 『정신현상학의 이념』, op cit., p.163

대한 규정은 잘못된 것으로 인식했다. 다시 말하면 빛을 규정할 수 없다는 것이다. 빛은 어둠(밤)인 무(無)에 의해서 부정되고 어둠과의 상호관계로 존재한다. 왜냐하면 빛의 내면의 외화, 즉 어둠의 반사작용으로 빛이 드러나기 때문이다. 따라서 눈으로 보이지도 느끼지도 못하는 비물리적인 빛을 사유한 것이다. 이런 빛에 대한 정신적 차원으로서의 인식은 다른 철학자에게서 볼 수 없는 헤겔만의 고유한 빛 사상으로 빛과 어둠이라는 이중상의 관계로부터 유추할 수 있다.

04. 「자연철학」에 나타난 색채 인식

지구상의 모든 사물은 무게를 갖고 중력이라는 외적인 힘에 의해서 규정되고 있다. 하지만 빛은 무게를 갖지 않아 외적인 힘으로부터 해방된 독립적인 존재로 본질적으로 자기 자체의 존재 근거를 갖는다. 이런 빛의 존재와 역할을 헤겔은 다음과 같이 논한다.

> 빛은 비물질적인 물질로써 다른 모든 사물을 드러나게 한다. 다만 물질이 윤곽을 얻는 것은 빛만의 활동이 아니라 물질에 내재되어 있는 어둠의 계기에 의해서 빛이 한정되기 때문이다.[132]

따라서 빛은 사물을 드러나게 하고 물질에 내재되어 있는 어둠이라는 존재와의 관계를 맺으면서 새로운 차원으로 변형되어 절대자의 모습으로 나타난다. 앞

---

132) 헤겔, 『헤겔의 자연철학』(1), (철학적 학문의 백과사전 강요, 제1부), 박병기 옮김, (주) 나남, 2008, p.489

서 '장미는 빨갛다'에서 빨갛다는 빛으로 인한 외면적 현상과 장미 꽃 내부의 보이지 않는 어둠 현상과의 이중 작용으로 인한 결과로 볼 수 있다. 하지만 뉴턴은 빛을 물질로 인식했다. 물질은 일정한 무게를 갖고 있어 쪼갤 수 있다는 것을 의미한다.

뉴턴은 이런 논리로 빛 안에 물리적 색이 있어 빛을 분리하면 다양한 색채가 생성될 수 있다고 생각했다. 이런 인식을 배경으로 빛의 존재를 확인하기 위해서 근대과학자들은 빛의 무게를 측정하려 했다. 뉴턴이 '백색광은 일곱 가지 색깔의 빛이 합성된 것'이라는 주장에는 빛을 물리적 요소로 인식한 것이다. 이와같이 빛에 대한 뉴턴의 사고를 헤겔은 편협하다고 간주했다.

> 이러한 네 요소(공기, 빛, 불, 물을 말함)가 개체적 물체로써 어떻게 존재하는가가 개체성의 특수화이다. 빛은 공기에 대응하며 물체의 어둠에 의해 특수한 탁함으로 개체화한 빛이 색채이다.[133]

헤겔은 괴테의 영향으로 식물의 성장과정에서 식물의 각 요소들이 서로 영향을 받지 않고 독자적인 활동을 통하여 완전성을 갖게 된다고 생각하고, 이들 요소 간의 상호작용으로 색채가 생성되는 것으로 봤다. 예를 들면, 자연요소인 빛과 공기는 상호 무관한 개체적 요소지만 빛은 공기로 인하여 빛의 흐름을 바꿀 수 있고 변형시킬 수 있다. 이와같이 자연요소의 상호 간섭으로 처음의 독립적이고 개체적인 요소가 다른 자연요소인 빛을 끌어들여 개체적 요소를 특수화함으로써, 두 자연요소와 다른 새로운 자연 요소와의 작용으로 색채가 발현되는 것으로 봤다.

> 식물은 어떤 다른 것으로도 구별되지 않는다. 잎, 뿌리, 줄기도 역시 개체일 뿐이다. 식물이 자신을 유지하기 위해 실재적인 것은 제자신과 생산한 것은 완전히 동등

---

133) Ibid., p.491

한 것일뿐이기 때문에, 이 동등한 것은 본래적인 주체에 이르지 못한다. 따라서 각각의 식물은 주체들의 무한한 집합이며 하나의 주체로 현상하게 하는 연관은 표면적인 것에 불과하다.[134]

'장미는 빨갛다'와 같은 색채 인식을 좀 더 물질의 개체적 요소로써 예를 들면, '소금은 희다(A)'와 '설탕은 희다(B)'에서 공통적으로 인식되는 '흰색'이 우리의 시각에는 동일한 색채(A=B)로 인식되지만, 실제 색채가 만들어진 과정, 즉 각각의 개체적 특징으로 빛을 발하는 물체의 흰색은 같지 않다(A≠B).

예를 들면 각 물체가 갖는 다양한 내적 작용으로 성질(짠맛이나 단맛), 색깔이나 모양, 그리고 결정체가 각각 다르기 때문에 소금의 흰색과 설탕의 흰색이 같게 보일뿐이지 결코 같지 않다. 다시 '장미의 빨갛다'라는 색채 인식으로 돌아가면, 장미가 갖는 식물의 내적 작용과 빛의 특수성이 동시에 영향을 주어 장미꽃 자체에서 빨간색으로 표출된 것, 즉 장미의 내적 어둠 안에서 개체적 변형을 일으킨 것이다.

> 색채 그 자체는 다양한 모습을 갖고 있는데 빛과 어둠과는 둘이 아니라 하나라는 관계성을 갖고 있다. 그리고 뉴턴이 색채에서 도입한 빛의 분할, 즉 관념적이고 반성적인 분할로 보았지만 괴테는 양적 분할로 인식하였다. 양적인 분할에 있어서 본질은 항상 보편적이고, 빛 그 자체이다. 그리고 빛이 동시에 어둠과 대립함으로 인해서, 다시 빛과 어둠과의 통합으로 하나의 양태(樣態)로서 인식된다.[135]

이와같이 색채의 발생은 빛과 어둠이라는 두 요소의 작용으로 인한 것이다. 이 두 요소는 서로 구별되고 개체화하는 과정을 거치면서 동시에 하나로 통합되는 성질을 갖고 있다. 바꿔 말하면 두 요소가 하나로 통일되기 이전의 상태, 즉 빛과

---

134) Ibid., pp.23-24
135) 小島優子,「ゲーテ『色彩論』のヘーゲルに對する影響」, op.cit., p.29(저자 옮김)

어둠이 각각의 개체성을 띠고 있으면서 동시에 두 요소가 서로 통합되는 과정에서 다양한 색깔로 변형된다.

> 색은 한편으로 실재적이고 개체의 물체에 속하는 것처럼 다른 한편으로 또한 물체의 개체성 밖에서만 부유한다. 아직 어떤 객관적이고 물질적인 실존이 주어질 수 없는 그늘진 것일뿐, 말하자면 한갓 빛과 아직 비물체적인 암흑의 관계에 기인해 보이는 것, 간단히 말하면 스펙트럼인 것이다. 색은 부분적으로는 이와같이 전적으로 주관적으로 눈에 의해 마법처럼 그려진다.[136]

헤겔이 '색채는 빛과 어둠이라고 하는 두 가지 규정으로 결합된다.'고 한 것은 괴테의 인식과 다르지 않다. 다시 말하면 색채는 빛에서 분리되어 나타나는 것이 아니라 빛과 어둠의 상호작용으로 인한 현상이라는 인식이다. '어쨌든 양자(빛과 어둠을 말함)는 다 함께 존재와 행위의 상호 침투된 개체성, 그 자체를 이룬다.'[137] 라든가 '전체를 놓고 보면 결국 개체와 전체와의 상호 침투하는 운동이 있을 뿐'이라는 헤겔의 이념은 괴테의 자연현상에 대한 인식과 맥을 같이 한다.[138]

---

136) 헤겔, 『헤겔의 자연철학』(1), 박병기 옮김, op cit., pp.497-498
137) 헤겔, 『정신현상학』, op cit., p.414
138) 헤겔, 『정신현상학』, op cit., p.216, p.315, p.428

> 마무리

　헤겔은 자연과학자의 분석적 접근에는 관심이 없고 단지 자연과학에 대한 사유와 사유하는 법칙을 추구하는데 관심이 많았다. 이런 측면에서 헤겔은 자연철학자인 괴테와 다른 일면을 엿볼 수 있다. 하지만 헤겔은 모든 존재는 본질을 갖는데 그 본질의 현상들을 관찰할 때만이 그 본질에 더 가까이 갈 수 있다고 인식했다.[139]
　이러한 점에서 헤겔은 자연철학자라고 할 수 있다. 역설적이게도 우리는 보고 있는 모든 유형의 사물은 그 사물의 본질을 보고 있다기보다는 그 본질의 외면, 즉 사물의 외면적 현상만 보고 있을 뿐이다. 따라서 사물의 본질을 이해하기 위해서는 사물의 안, 즉 사물의 내적 작용의 외면화로 인한 현상이 어떻게 인식되는지가 중요하다. 따라서 뉴턴이 '빛을 분리하면 색채가 생성된다.'는 인식을 헤겔은 받아들이기 어려웠다. 그렇다면 헤겔에게 색채는 무엇인지 중요해졌다.
　헤겔은 『정신현상학』에서 의식으로 인한 분화, 분리, 대립의 이원론적 양극성을 극복하고, 이들의 대립적 요소들이 통합하고 융화하는 과정에서 이중적 현상으로서의 색채를 인식했다. 헤겔은 「자연철학」에서 빛의 작용내지 행위로 사물의 본질을 이해하는 수단으로 인식하면서 동시에 빛과 이것의 대립적 위치에 있는 어둠의 상호작용, 즉 대립의 지양[140]을 통해 통합되고 결합하여 두 요소의 경계선상내지 양극단 사이에서 각각이 개체화되면서 동시에 상호작용으로 인한 변형의 단계를 거쳐 색채가 발현되는 것으로 봤다.
　이것은 빛으로 인한 외면적 현상과 외면적 현상 뒤에 가려진 새로운 차원의 현상, 즉 내면적 현상으로, 이를 내면의 외화라고 했다. 이런 이중 현상을 통한 색채 생성을 헤겔은 '빛은 공기에 대응하며 물체의 어둠 안에서 특수화하고 개체적인 흐릿함으로 생성되는 것이 색채이다.'고 했다. 괴테로부터 새롭게 인식한 색채 생성의 과정이 헤

---

139) 이동희, 『헤겔과 자연』, 제우스, 2006, p.15
140) 윤병태, 『삶의 논리』(대논리학의 개체성), op.cit., p.265-266

겔로 인해서 더욱 사유화되고 자연현상에 대한 인식을 재고하게 만들었다. 하지만, 괴테가 색채를 생리적 색채, 물리적 색채, 화학적 색채로 구분한 것[141]과 달리, 헤겔은 제한된 인식에서 색채의 이중 현상으로 논했다.

헤겔은 색채 생성에서 괴테와 맥을 같이 하면서도, 괴테의 색채 인식을 넘지 못하는 한계를 갖고 있다. 헤겔도 괴테가 '뉴턴이 색채는 빛의 분리로부터 발생된다.'는 부정에서 출발한 측면에는 동감하지만, 괴테가 색채를 감성이나 직관으로 인식한 것과는 개념적으로 다른 차이를 보여줬다.

---

141) 괴테, 『색채론』, op cit., 2007

4

쇼펜하우어

색채의 양극성과 색채 분수

01. 괴테와의 만남과 색채에의 관심

쇼펜하우어(A. Schopenhauer, 1788~1860)는 『시각과 색채에 관해서』[142](1816, 이하 『시각과 색채』)라는 색채 관련 논문을 발표했다. 이 논문을 쓰게 된 배경에는 괴테와의 만남이 있었다.

쇼펜하우어는 자신의 박사논문, 『충족이유율의 네 겹의 뿌리에 관하여』(1813, 이하 『충족이유율』)를 괴테에게 보여주었는데, 괴테는 쇼펜하우어의 논문 내용에 호감을 표시하며 자신의 『색채론』(1810)을 읽어 보도록 권유했다. 당시 쇼펜하우어는 괴테의 『색채론』을 읽은 후 감동을 받고 직접 만나 색채 실험을 같이한 것으로 알려졌다. 괴테의 영향으로 쇼펜하우어는 자신의 색채 철학서인 『시각과 색채』를 출간하고, 뒤이어 그의 대표 철학서인 『의지와 표상으로서의 세계』(1819), 『자연에서의 의지에 관하여』(1836)를 발표했다.

특히 쇼펜하우어는 자신의 박사논문 『충족이유율』(1813)을 30년이 지난 1849년에 다시 출판했는데, 여기서 색채에 관한 내용을 다시 한번 강조했다. 당시 쇼펜하우어는 안과의사 안톤 로저스(A. Rosas)가 『안과학 개론』(1830)을 쓰면서, 자신의 저서인 『시각과 색채』의 내용 대부분을 표절했다고 구체적인 사례를 들어 비난했다.[143] 그만큼 쇼펜하우어는 자신의 색채론에 자신감이 있었다. 쇼

---

142) 쇼펜하우어는 『시각과 색채에 관해서』이외에, 『생리학적 색채론』(1830)과 『소품과 부록』(「색채를 위해서」, 1851)을 출간할 정도로 색채에 관심이 많았다.
143) 쇼펜하우어는 구체적인 페이지를 거론하며 색인도 없다고 비판했다.

펜하우어는 단순한 경험적 표상의 세계를 넘어 신체 의지의 문제, 즉 물자체(物自體, 생명에의 의지)에 대한 세계를, 칸트의 아 프리오리(a priori, 초월론적 인식 혹은 선험적 인식을 의미함)한 인식 개념과 비유하여 설명했다.

쇼펜하우어가 색채 철학서인 『시각과 색채』를 집필하게 된 배경에는 괴테의 『색채론』의 영향이 크지만, 색채 자체를 어떻게 인식해야 되는지에 대한 문제에 관해서는 괴테보다 칸트의 영향이 컸다. 따라서 쇼펜하우어의 색채론을 이해하려면 칸트적 관점이 필요하다. 쇼펜하우어가 괴테의 『색채론』으로부터 받은 영향을 살펴보고, 이어서 뉴턴의 색채이론을 비판하게 된 배경과 그 의미를 고찰한다.

쇼펜하우어의 색채론을 크게 눈과 구상력, 초감각성, 그리고 색채분수(色彩分數)로 분류할 수 있다.[144] 쇼펜하우어는 『시각과 색채』를 집필하고 이어서 『의지와 표상으로서의 세계』와 『자연에 있어서의 의지에 관하여』를 출간했다. 따라서 쇼펜하우어의 색채에 대한 생각을 이해하기 위해서는 이들 저서의 내용도 검토할 필요가 있다.

---

144) 최재석,「괴테이후 색채에 대한 철학적 접근」(헤겔, 쇼펜하우어, 비트겐슈타인의 색채사상을 중심으로), 한국색채학회 26(3) 2012/ 酒井剛,「ショーペンハウアーの超越論的色彩論」, 理想(第676号), 2006/ 酒井剛,「眼と構想力」(ショーペンハウアー色彩論), ゲーテと自然科學 (26), 2004/ P.F.H. Lauxterman,『Schopenhauer's Broken World-View』(colour and ethics between Kant and Goethe), Dordrecht Boston, Kluwer Academic, Publishers, 2000

02. 쇼펜하우어의 색채 인식

1) 뉴턴에 대한 비판과 괴테의 상찬

쇼펜하우어는 『시각과 색채』「머리말(2판)」의 「색채에 관해서」에서 다음과 같이 논한다.

> 뉴턴의 근본적인 실수는 색채의 결과에 있어서 색채의 내적 연관성을 구체적으로 배우기도 전에 성급하게 원인의 탐구에 착수했기 때문이다. (생략) 뉴턴의 잘못된 이론이 괴테에 의해서, 그 중에 하나가 괴테의 저서『색채론』에서의 논쟁, 즉 뉴턴의 잘못된 모든 종류의 색채 현상을 제대로 서술하여 없애버리려고 해도 진정한 승리는 새로운 이론이 오래된 이론을 대신하여 처음으로 완전한 것이 된다. [145]

여기서 쇼펜하우어는 뉴턴의 색채이론(여기서는 『광학』에 나타난 색채이론을 말함)을 평가, 절하했다. 이런 배경에는 괴테의 영향이 크다. 또한 쇼페하우어는 '괴테가 발견한 것은 중요하고 쉬우면서 더군다나 의미깊은 자료로서, 장래 색채 연구를 위해서 풍부한 자료가 될 것이다.'[146]고 괴테의『색채론』을 상찬했다. 다시 말하면 쇼펜하우어의 색채론 탄생 배경에는 괴테가 있었고, 여기에 괴테가 뉴턴을 비판한 것이 한몫했다.

---

145) ショーペンハウアー,『視覚と色彩について』(ショーペンハウアー全集·1), 生松敬三 外 訳, 白水社, 1975, pp. 221-222(저자 옮김)
146) Ibid., p.220

2) 색채 연구에 대한 쇼펜하우어의 의지

쇼펜하우어는 색채를 '태양 광선에 의한 분할'이 아니라 '눈의 망막 활동에 의한 분할'로 되돌릴 필요가 있다고 생각했다. 이는 색채를 눈 안에서 찾아야 된다고 봤던 쇼펜하우어와는 반대로, 뉴턴은 빛 안에서 색채를 찾아야 된다는 상반된 논리를 폈다. 뉴턴에 의하면 빛 안에 색채가 있어, 이를 프리즘에 비춰 분리하면 일곱 가지 색이 생겨난다는 그의 논리는 마치 음계가 7음정으로 분리되는 것처럼 색채도 분리할 수 있다는 것이다.

이런 색채 구분으로는 색채 각각의 특수한 차이라든가 고유한 효과를 알 수 없다. 쇼펜하우어는 아리스토텔레스가 음정을 수치의 관계에 근거하여 조화와 부조화를 발견했듯이 마찬가지로 색채 관계도 이렇게 수치로 풀 수 있다고 생각했다.

쇼펜하우어는 뉴턴의 색채이론과의 차별화를, '나의 이론은 색채 각각의 특성을 해명하고, 모든 색채가 부여되는 각각의 특수한 인상과 특별한 효과의 근거가 어디에 있는지를 이해시키는 것이다.'[147]라고 하였다. 그는 색채를 통해서 보다 본질적인 인간의 인식 문제까지 접근했다.

> 이 작은 논문은 오로지 철학에 몰두하는 독자에게도 결코 쓸데없는 논문은 되지 않을 것이다. 이것은 색채의 완전한 주관적인 본질에 관해서 충분한 지식을 얻음과 동시에, 이를 확신하는 것은 우리들 모든 인식의 주관적, 지적 형식에 관한 칸트의 이념을 이해하는데 도움이 될 것이다. 따라서 이 논문은 적절한 철학 입문서가 될 수 있다.[148]

쇼펜하우어는 자신의 저서가 색채 관련 책으로서보다는 철학서로 인정받기를 원했다. 어쨌든 쇼펜하우어는 칸트 철학을 인식하면서 실제는 괴테의 『색채론』

---

147) Ibid., pp.268-269
148) Ibid., p.215

에 관심을 갖고 실험하였다.

3) 쇼펜하우어의 색채 연구 과정

쇼펜하우어는 처음부터 색채에 관심을 갖지 않았다. 앞서 거론했지만 색채에 관심을 가지게 된 배경에는 괴테와의 만남이 결정적이었다. 색채 논문을 쓰기 몇 해 전, 『충족이유율』이라는 박사논문을 발표했는데, 이때 그의 나이 26세였다. 쇼펜하우어는 33년이 지난 1849년 『충족이유율』을 수정, 보완하여 다시 출판했다. 이때가 쇼펜하우어의 나이 59세였다. 그 만큼 쇼펜하우어는 장기간 지속적으로 색채 연구에 관심이 많았다. 당시 그는 '심지어 많은 부분을 정리하면서 인식 능력 전체에 대한 간결한 이론을 얻게 되었다.'[149]고 회고했다.

쇼펜하우어는 인간이 세계를 어떠한 과정을 거쳐 인식하는가에 관심이 많았다. 특히 세계를 현상과 물자체로 구분하고, 여기서 인간은 현상만을 인식할 뿐 물자체는 인식 불가능하다는 칸트의 인식론에 쇼펜하우어는 비판적이었다. 따라서 쇼펜하우어는 칸트 철학에서 인식의 한계가 있다고 보고 물자체에 대한 인식, 즉 물자체의 내부적 의지에 관심을 가졌다.

이러한 관심이 쇼펜하우어의 그 유명한 『의지와 표상의 세계』(1819)를 집필하는 계기가 되었다. 쇼펜하우어는 물자체에 대한 인식―경험의 표상 뒤에 가려진 물자체의 세계에 대한 인식―에 무게를 두었다. 예를 들면, 우리는 줄기, 가시, 잎사귀, 꽃, 빨강 등의 외부적 요소의 통합을 통하여, 이를 장미로 인식한다. 이와같이 자연요소로 이루어진 장미가 눈에 보이는 표상 이전의 문제, 즉 물자체로서의 장미를 이루는 근거는 무엇인지, 쇼펜하우어는 이것에 대한 근본적인 원인

---

149) 아르투어 쇼펜하우어, 『충족이유율의 네 겹의 뿌리에 관하여』, 김미영 옮김, 나남출판사, 2010, p.11

을 찾고자 했다.

쇼펜하우어는 자신의 박사논문에서 충족이유율('충분근거율'이라고도 함)의 네 가지 차원에서 식물의 존재 이유를 밝히려 했다.

시각화된 장미는 보이지 않는 물자체(보이지 않는 뿌리 등을 말함)와 이를 이루게 하는 토양, 물, 온도 등의 유기체 작용, 즉 장미 자체의 생명에 대한 의지가 다양하게 표출되어 나타난 것으로, 장미의 빨간 잎도 이런 의지가 객관화되어 표상된 결과라는 것이, 쇼펜하우어의 논리이다. 여기서 장미라는 식물 자체(물자체)의 행위, 즉 장미라는 생명체 의지가 장미 내부에서 유기체 작용을 통하여 나타난 장미 꽃잎은 단지 빨간색으로 보일 뿐이라는 것이다. 다시 말하면 장미의 본질(즉 장미의 물자체)은 인식되지 않는다는 것이다.

따라서 우리가 시각적 경험(장미라는 대상의 표상)만으로 '장미는 빨갛다'라고 인식하는 것은 잘못됐다는 것이다. 장미꽃의 빨간색도 장미라는 물자체의 생명에의 의지에서 출발하지만 쇼펜하우어는 여기에 머무르지 않고 빨간색의 생성을 관찰자의 눈의 작용, 즉 '망막의 활동'에서 찾았다.

쇼펜하우어는 『의지와 표상으로서의 세계』에서, '세계는 나의 표상이다.'[150]라는 유명한 말을 남겼다. 이것은 '인간을 에워싸고 있는 세계는 표상으로서만 존재할 뿐'이라는 의미로, 의지와 현상의 관계에서 '의지는 물자체이고 내적 작용이며 세계의 본질적인 것이지만, 삶, 가시적인 세계, 현상은 의지의 거울에 지나지 않는다.'는 인식이다. 다시 말하면 장미 잎의 빨간색도 식물로써 장미 내부의 의지의 현상이 물자체(식물 자체)에 투영되어 나타난 결과로 보는 관점이다.

---

150) '세계는 나의 표상이다.'라는 말은 쇼펜하우어의 『의지와 표상의로서의 세계』에 나오는 말로, 칸트의 철학에 바탕을 두고 있다. 칸트는 '인간은 사물이 우리에게 나타내는 그 현상만을 인식할 수 있을 뿐 사물 그 자체는 알 수 없다. 우리를 에워싼 세계는 오직 표상으로서만 존재한다.'라고 했다.

03. 『시각과 색채에 관해서』의 고찰

1) 색채 인식에 대한 접근

쇼펜하우어는 『의지와 표상으로서의 세계』(1819)에서 다음과 같이 논하고 있다.

> 이 에테르가 눈에 이르러 망막을 진동시키고, 그 진동수가 매초 483조이면 빨간색을 일으키고, 727조에 이르면 보라색을 일으키는데, (생략) 이처럼 극단적이고 기계적인 데모크리토스류의 서툴고 참으로 형편없는 이론은 괴테의 색채론이 나온 지 50년이 지난 오늘에 와서도 뉴턴이 발표했던 빛의 균질성을 신봉하고, 이것을 공언하는 것을 부끄러워하지 않는 이들에게는 안성맞춤이다. [151]

쇼펜하우어는 색채의 생성을 뉴턴적 접근으로 인식하는 것을 부끄럽게 여겼고, 이를 넘어 보다 근원적인 색채의 발현에 대한 배경을 찾고자 했다. 예를 들면 장미의 꽃에 나타난 빨강은 장미의 본질이 아니라 장미의 표상에 불과한 것으로 장미의 빨간색은 장미 자체와는 별개라는 인식이다. 따라서 장미꽃의 빨간색은 장미 그 자체의 영향을 받아 빛의 작용으로 보이는 결과인 셈이다.

이것은 장미의 본성이 아니고 장미의 내적 작용의 힘, 즉 장미 내부의 생명에의 의지가 식물의 일부로 나타난 것을 망막의 활동, 즉 망막의 작용으로 투영되어 나타난 결과로써 빨간색이다. 이에 대해 쇼펜하우어는 다음과 같이 의지의 객관성을 논했다.

---

151) 아르투어 쇼펜하우어, 『의지와 표상으로서의 세계』, 권기철 옮김. 동서문화사, 2016, p.170

하지만 식물의 경우, 그 식물이라는 현상이 되어 나타나는 이념은 한꺼번에 그리고 단순한 표출에 의해 표현되는 것이 아니라 식물의 여러 기관이 시간 속에서 계속적으로 발달함으로서 표현되는 것이다. (생략) 이제 여기서 식물이 각기 소박하게 그 성격 그대로 모습을 표출하고, 그 존재와 의욕 전부를 구현하고, 그것 때문에 식물의 외관이 흥미있는 것이 된다는 점을 주의해 둘 필요가 있다.[152]

쇼펜하우어는 식물의 표상 세계를 넘어 식물 자체에서 작용하고 있는 보이지 않는 힘에 대한 관찰의 필요성을 괴테의 생리학적 색채에 근거하여 접근하려 했다. 그는 색채 인식에 대해서 '색채는 대상 자체에 귀속되는 성질이 아니고, 그 대상을 보고 있는 눈의 망막 활동에 의해서 생기는 현상이다.'라고 반전된 논리(일명 '코페르니쿠스적 논리'라고 함)를 폈다. 쇼펜하우어는 이 책의 8절에서 뉴턴의 색채이론을 비판하고 자신의 색채론을 피력했다.

색채에 관한 나(쇼펜하우어 자신을 가리킴)의 이론과 뉴턴 이론과의 다른 점은 어디에 있는가. 뉴턴은 모든 색채를 다만 일곱 가지 동질의 광선이 숨겨진 질(質)로 간주하고, 여기에 각각의 이름만 붙이고 방치했기 때문에 색채 각각의 특성의 차이라든가 고유한 효과는 전혀 설명이 되지 않는 상태에서 끝나버렸다. 그런데 나의 이론은 색채 각각의 특성을 해명하고, 각각의 색채가 부여하는 특수한 인상과 특별한 효과의 근거는 어디에 있는가를 이해시키는 것이다. 이것은 색채가 확실히 결정된 분수(分數)로 나타나는 망막 활동의 일부분이고, 게다가 망막의 분할에 적합하게 플러스 측에 있든가 마이너스 측에 있든가를 인식하는 것을 가르쳐주기 때문이다. (생략) 나의 이론은 '색채라고 하는 것은 망막의 질적으로 분할된 활동이다.'라고 결론을 내린다.[153]

일본의 색채 연구자인 사카이(酒井)는 쇼펜하우어의 색채론을 '초월론적 색채

---

152) Ibid., p.205
153) ショーペンハウアー, 『視覚と色彩について』(ショーペンハウアー全集·1), op cit., pp. 266-269

론'으로 규정했다. 그 이유는 쇼펜하우어가 색채 생성에 대한 논리를『시각과 색채』뿐만 아니라 이후의 저서에서 꾸준히 뉴턴의 색채이론을 부정한 것에 있다. 이것은 색채 현상이 물리적 현상을 넘어 현상학적으로 인식했다는 점이다. 쇼펜하우어는 자신의 색채이론을 괴테의 색채론에 근간을 두면서 칸트의 카테고리론과 구상력[154]의 재해석에 두었다.

따라서 '색채가 망막 활동의 결과로 생기는 현상'이라는 쇼펜하우어의 색채론의 본질적인 의미를 이해하기 위해서는 경험적 인식의 한계를 넘어 대상을 인식하는 자아(自我), 즉 '세계는 나의 표상이다.'라는 인식을 가질 필요가 있다. 왜냐하면 쇼펜하우어는 색채 발생이 외부에 있지 않고 대상을 관찰하는 신체적 자아(여기서는 망막을 말함)에 있다고 보았기 때문이다.

2) 망막 활동과 신체적 자아로서의 색채 인식

쇼펜하우어의『시각과 색채』에 망막 활동의 기능에 대해서 자주 등장한다.

> 쇼펜하우어에 있어서 자아는 자기 자신의 신체와의 동일성을 지탱하는 신체적 자아를 의미한다. 그리고 신체적 자아는 표상 경험에 앞서, 그것의 성립을 가능하게 하는 제안이다. 예를 들면, '본다'라고 하는 경험은 눈이라고 하는 신체성을 전제로 하고, '접촉한다'라고 하는 경험은 손이라고 하는 신체성을 전제로 한다.[155]

사카이는 쇼펜하우어의 자아 문제를 경험에 앞선 초월론적 인식으로 규정했는데, 이는 칸트의 아 프리오리한 인식에 근거한다. 쇼펜하우어가 '색채는 망막의 활동에 의해서 생기는 현상이다. 이것은 살아 있으면서 인식하는 모든 생명체에

---

154) カント,『純粹理性批判』(上), 原佑 訳, 平凡社, 2005, p.249
155) 酒井 剛,「ショーペンハウアーの超越論的色彩論」, 理想(第676号), 2006, p.115

적용되는 진리이다.'[156]라는 것은, 색채라고 하는 대상 인식을 색채가 주관을 규정함으로서가 아니라, 그 반대로 주관이 색채를 자발적으로 구성함으로 생기는 현상이다. 이런 쇼펜하우어의 색채 인식은 뉴턴의 색채이론과 다른 것으로 색채가 눈의 망막 활동으로 인해서 생기는 것으로 귀결된다.

이것은 눈의 감각 그 자체에 심혈을 기울이고 눈의 감각 상태와 그 합법칙성으로 색채를 생리적으로 인식하는 것을 말한다. 이런 발상은 일반적으로 이해하기 어렵다. 왜냐하면 색채가 발생하는 원인을 눈 밖에서 찾지 않고 눈 안에서 찾고 있기 때문이다. 다시 말하면 쇼펜하우어는 색채 발생을 기계적인 분리(뉴턴적 사고)가 아닌 망막 활동의 결과로서 인식했다.

이와같이 쇼펜하우어의 색채 인식은 기본적으로 의식 밖에서 독립적으로 존재하는 대상 자체를 무조건적으로 전제하지 않고 표상된 경험의 성립 구조를 어디까지나 의식의 내재적 입장에서 추구하고 있다는 점에서 칸트의 선험적 인식에 근거한다.

따라서 '색채는 망막 활동에 의해서 생기는 현상이다.'는 칸트적 인식은 쇼펜하우어의 '세계는 나의 표상이다'라는 명제와 겹쳐 의미를 이해할 필요가 있다. 쇼펜하우어는 칸트의 영향으로 '나'라고 하는 자아를 단지 주관적인 것만으로 인식하지 않았다. 자아의 인식이 성립되기 위해서는 우선 신체가 중심이 되어야 한다. 다시 말하면 신체를 벗어나서 자아를 생각할 수 없다. 쇼펜하우어가 말하는 자아는 신체와 동일(신체=자아)하다는 신체적 자아를 의미한다.

쇼펜하우어가 '색채는 망막 활동의 현상'이라는 인식은 결국 눈이라는 신체적 자아가 대상을 인식하는 과정에서 아 프리오리한 것을 말한다. 예를 들면, 대상을 보고 있는 경험이 가능하기 위해서는 눈이라는 신체가 전제되어야 하고, 또한 대상을 만지는 경험은 손이라고 하는 신체가 관여하여 가능하다. 따라서 대상에 대

---

156) 아르투어 쇼펜하우어, 『의지와 표상으로의 세계』, op cit., p.41

한 인식은 대상이 주관을 제한하는 것(대상→주관)이라기보다 주관이 대상을 자발적으로 구성함(주관→대상)으로써 성립된다.

> 색채는 대상 자체의 성질이 아니고 어디까지나 신체적 자아(여기서는 망막을 말함)에서 유래하는 것이다. 즉 색채라고 하는 것은 사물(대상) 자체가 아니고 신체적 자아에 귀속하는 아 프리오리한 인식이다. 그리고 색채 인식은 신체적 자아가 이러한 아 프리오리한 인식에 근거하여 대상의 색채를 자발적으로 구성해 가는 것으로 성립한다.[157]

여기서 색채를 망막 활동의 현상으로 본 것은, 앞에서 설명했듯이 눈이 대상을 자발적으로 구성하여 나타나는 현상으로 자아(눈의 망막)가 색채를 주관적으로 인식하게 하는 것을 말한다. 결론적으로 눈의 망막 활동으로 인하여 색채가 생성된다는 논리이다.

쇼펜하우어의 색채사상은 이전의 색채론—감각적 인식의 색채론 내지 물리적 속성의 색채론— 과 다른 눈이라는 아 프리오리한 작용으로 색채가 생성되는 코페르니쿠스적 색채론[158]이라고 할 수 있다.

---

157) 酒井 剛,「眼と構想力」(ショーペンハウアー色彩論),ゲーテと自然科学(26), 2004, p.76
158) Ibid., p.74

04. 쇼펜하우어의 색채사상

1) 괴테의 기본색과 쇼펜하우어의 여섯 가지 색

어떤 대상을 보고, '이것은 빨간색이다'라고 판단하는 기준은 무엇인가에 쇼펜하우어는 의문을 가졌다. 예를 들면 하늘을 보고 파란색이라고 할 때, 이 색을 규정하는 근거는 무엇인가. 즉 진한 파란색이다라든가 거무스름한 파란색도 아니고 그냥 파란색으로 단정지을 수 있는가이다.

이러한 경우에 쇼펜하우어는 눈이라는 신체적 자아가 색채의 다양성을 판단하는 기준으로 보았다. 이것은 색을 판단하는 기준이 외부에 있지 않고 눈의 내부에 있다는 논리이다.

쇼펜하우어는 기본색으로 빨강, 파랑, 노랑, 녹색, 주황 그리고 자주색을 들고 있다. 이런 쇼펜하우어의 색채 인식은 기본적으로 괴테의 색상환에 따른다.[159] 이와같은 색상환은 기본적으로 서양의 각 시대의 역사나 문화에 근거하고 있으나 색채 관련자라면 거의 유사한 점을 발견할 수 있다.

괴테는 빛과 어둠으로부터, 즉 빛으로부터 노랑의 색이, 그리고 어둠에서 파랑의 색이 나타나고, 이 두 색이 혼합하여 제3의 색인 녹색이 생성된다고 생각했다. 이들 삼색(노랑, 파랑, 녹색)을 기본색으로 하여, 노랑과 파랑의 농도나 명암을 높이면 붉은 색인 자주색과 주황을 띠게 되고, 더욱 순도를 높이면 빨간색이 나타난다. 괴테는 빨강과 녹색을 축으로 좌측에는 노랑과 주황, 그리고 우측에는 파랑과 보라색을 하나의 원으로 묶어 세 가지 기본색에 세 가지 확장된 색을 더하여 여섯

---

159) ショーペンハウアー, 『視覚と色彩について』(ショーペンハウアー全集・1), op cit., p. 260

가지 색으로 색상환을 만들었다.160)

쇼펜하우어의 여섯 가지 색은 기본적으로 괴테의 『색채론』에 근거하지만, 괴테의 색채 생성을 쇼펜하우어는 좀 더 구체적으로 색채의 양극성과 색채분수로 설명하고 있는 것이 특징이다.

2) 색채의 양극성과 색채분수

색채의 양극성과 색채 잔상

쇼펜하우어는 식물에도 양극적 현상이 작용하고 있다고 보았다. 예를 들면 식물도 감각적 상(像)으로 인식될 수 있다는 것이다. 그는 식물의 뿌리는 본질이며 의지이고 2차적으로 나타나는 꽃부리는 지성적 표상으로 인식했다. 이와같이 자연에 존재하는 모든 것은 양극적인 관계로 성립하는데 색채의 생성도 마찬가지라는 것이다.

쇼펜하우어는 '색채는 어떻게 쉽게 생성되는가.'161)에서, '빛을 받아들이는 눈의 감수성, 즉 빛에 대한 망막의 규칙적인 반작용은 순간적으로 쉽게 색채 변화를 일으킨다.'라든가, 또한 '빛은 색이 없는 물체에 닿고, 여기에서 튕겨져 나오고, 그 주변으로 반사되고 그 속을 통과하는 순간, 색채가 나타난다.'162)는 기술에서 빛의 작용을 알 수 있다.

괴테는 빛과 어둠이라는 양극성의 색채로 노랑과 파랑을 예로 들었다. 이 두 색은 완전한 합일로 인해서 빨강 내지 녹색으로 발전되는데, 이와같이 하나의 색채가 다른 색채와의 관계로 인해 전체로서 통일적 질서를 만들어내고 있다. 이런 색채의 전체적이고 통일적 관계성을 색상환의 도식으로 표현했다.

---

160) Ibid., p.315
161) Ibid., p.330
162) ゲーテ, 『色彩論』(ゲーテ全集·14), op cit., p.330

이러한 괴테의 색채론의 영향으로 쇼펜하우어도 색채가 양극성[163]을 띠고 있다고 보았다. 쇼펜하우어는 여기에 자신의 색채분수[164] 라는 개념을 도입했다. 다만 괴테의 색채 양극성과 달리 쇼펜하우어의 색채 양극성은 주로 잔상 현상에서 볼 수 있는 색채 상호간의 관계로 말한다. 예를 들면, 노란색의 그림을 30초간 보고 있다가 회색 그림을 보면 노랑과 보색 관계인 자주색의 잔상이 생긴다. 마찬가지로 빨강의 그림을 보면 녹색의 잔상이, 그리고 파랑의 그림을 보면 주황의 잔상이 생긴다. 이와같이 빨강과 녹색, 노랑과 자주색, 그리고 파랑과 주황의 색채 대비를, 쇼펜하우어는 색채의 양극적 현상으로 인식했다.

색채분수에 의한 색채 변화

앞서 빛으로 인한 색채의 생성을 괴테의 논리에서 살펴보고, 쇼펜하우어의 양극성으로 인한 색채 잔상에 대하여 기술했다. 쇼펜하우어는 색채의 잔상 효과는 망막의 자기 구상력[165]이라고 했다.

> 모든 색채는 그것이 나타나면 망막의 완전한 활동을 위해, 눈 안에 남아있는 보색이 생리적 스펙트럴로서 이어서 나타난다. [166]

이러한 현상도 쇼펜하우어가 『의지와 표상으로서의 세계』에서 논하는 '신체의 의지'의 문제에서 색채 잔상도 망막이라는 구상력을 발휘한 결과로 보았다. 다시 정리하면 쇼펜하우어는 눈에 들어오는 빛의 양을 신체 의지(망막의 활동)에 의해

---

163) 양극성의 개념은 『시각과 색채에 관해서』(p.262)와 『의지와 표상의 세계』(p.193)에 기술되어 있다.
164) 酒井 剛 ,「ショーペンハウアーの超越論的色彩論」, op cit., p.118
165) 구상력은 칸트의 『순수이성비판』에 나오는 개념으로 대상에 대한 내용들을 질서있게 형상화하고 결합하면서, 재생산하는 과정을 말한다.(カント, 『純粹理性批判』(上), 原佑 訳, op cit., pp.101-102)
166) ショーペンハウアー, 『視覚と色彩について』(ショーペンハウアー全集・1), op cit., p.258

서 색채의 수치(양)를 조절하여 다양한 색을 만들어낸다.[167]

　예를 들면 흰색(빛)은 1로, 노랑은 3/4으로, 주황은 2/3로, 빨강은 1/2로, 녹색은 빨강과 동일한 1/2로, 파랑은 1/3으로, 자주색은 1/4로, 그리고 검정색(어둠)은 0으로 본다. 여기서 분수는 양극성에 있어서 빛의 분할의 비(比)를 표시한 것으로, 파랑과 주황은 흰색(빛)이 단일한 비율로서 1 : 2(1/3 : 2/3)로 분할된 것을 의미한다.

　따라서 수치가 크면 클수록 색채는 흰색(빛)에 접근하게 되고 반대로 흰색의 수치가 낮을수록 검정(어둠)에 가깝다. 밝고 경쾌한 느낌을 주기 위해서는 색채 분수의 합이 1에 근접해야 한다. 예를 들면, 빨강(1/2)과 녹색(1/2)의 색채 수치의 합은 1이다. 즉 1/2+1/2=1을 의미한다. 또한 주황(2/3)+파랑(1/3)=1도 마찬가지이다. 이런 수치의 변화는 망막 활동의 세분화로 무한한 결과를 얻을 수 있다. 쇼펜하우어는 『자연에서의 의지에 관하여』에서 다음과 같이 논했다.

　　　즉 눈의 작용의 4분의 3은 노란색이고 4분의 1은 보라색이라는 것은, 내가 그것을 '밝혀냈을(offenbart)' 때까지 누구에게도 '명백하지' 않았으며 오늘날까지도 소수에게 알려진 그리고 그보다 더 적은 이들에게 인정된 진리이다.[168]

　쇼펜하우어는 색채가 망막의 수치 활동으로 인하여 생성된다는 역발상의 논리를 폈다. 이것은 빛을 받은 눈이 주요 색채를 인식하고 망막 활동 안에서 색채 수치를 조합하여 새로운 색채를 생성한다.

　쇼펜하우어는 색채 수치를 음악의 화음과 대비하여 설명했다. 만일 어떤 음정이 정해지면, 이 음정과 조화를 이루기 위해 다른 음정은 음의 진동수의 비(比)에 따라서 결정된다. 따라서 색채의 경우도 어떤 색채가 결정되면, 이것과 조화되기

---

167) Ibid., pp.255-256
168) 아르투어 쇼펜하우어, 『자연에서의 의지에 관하여』, 김미영 옮김, 아카넷, p.58

위해서는 다른 색채의 수치가 조절되어야 한다는 것을 의미한다.[169]

색채의 확장성과 축소성

색채가 눈의 구상력, 즉 생명(신체)에 대한 의지의 결과로 나타나게 되면 경우에 따라서 다양하게 변형될 수밖에 없다. 예를 들면, 빨강은 좀 더 확장된 이미지를 주고, 파랑은 상대적으로 차갑고 축소된 인상을 준다. 이것은 눈이라는 매개를 통하여 인식되는 색채에 대한 작용의 결과로 보인다.

앞서 논한 쇼펜하우어의 여섯 가지 색에서 같은 색채 수치를 가지고 있는 녹색(1/2)과 빨강(1/2)을 중심으로, 녹색은 색채 수치가 0인 검정에 가까울수록 마이너스(-)의 구상력이, 즉 1/2→1/3→1/4→0과 같이 색채 수치가 축소되어 결국에는 구상력이 0에 가깝다. 따라서 구상력이 없어진다는 것을 의미한다.

상대적으로 빨강은 색채 수치가 1인 흰색(빛)에 가까울수록 플러스(+)의 구성력, 즉 1/2→2/3→3/4→1과 같이 확장되어, 결국에는 1에 가까워져 완전한 색채인 빛과 같은 상태로 변한다.

쇼펜하우어의 색채 이념은 주요 색채(빨강, 노랑, 파랑의 3색)가 중심을 이루면서, 이 색채가 기준이 되어 망막이라는 눈의 작용으로 양극성과 색채분수에 의해서 색채가 확장 내지 축소되면서 새로운 색채가 생성된다.

---

169) 酒井 剛,「ショーペンハウアーの超越論的色彩論」, op cit., p.120

마무리

쇼펜하우어의 색채론은 전적으로 괴테의 『색채론』에 깊은 영향을 받아 형성되었다. 하지만 괴테의 색채론에 머무르지 않고 칸트의 아 프리오리한 인식론을 끌어들여 색채 현상을 분석했다.

이러한 색채사상의 차별화는 당시까지 색채를 감각적 내지 물리적인 측면으로 규정하는 것—즉 눈에서 찾아야 할 것을 빛에서 찾는 것—에 대한 비판이었다. 쇼펜하우어는 눈이라는 매개체의 구상력, 즉 신체 일부로서의 눈의 망막 활동이 구상력을 발휘하여 색채를 인식하게 된다는 논리를 폈고, 이는 당시에 색채에 대한 인식을 뒤집는 계기가 되었다.

쇼펜하우어의 색채론은 괴테적 색채론에 칸트의 인식론으로 구축된 초월론적 색채론임에 틀림없다. 이를 사카이는 '관념론적 색채론'[170]으로 규정했다. 쇼펜하우어의 색채사상을 좀 더 구체적으로 알기 위해서는 쇼펜하우어의 색채 논문, 『시각과 색채』에 자주 등장하는 '망막의 활동'(망막의 기능내지는 작용을 말함)에 대한 개념을 명확히 할 필요가 있다. 하지만 망막의 활동에 대한 분석은 의학적이고 과학적인 측면이 많아 또 다른 접근이 필요하다.

---

170) Ibid., p.84

5 슈타이너
자아와 투영된 색채의 상(像)

01. 슈타이너의 사상적 배경과 인식 전환

1) 사상적 배경

슈타이너(R. Steiner, 1861~1925)는 자연과학, 수학, 철학뿐만아니라 예술, 교육분야에서도 탁월한 업적을 남겼다. 이런 다양한 업적에 안주하지 않고 보다 근본적인 문제에 의문을 가졌다. 슈타이너는 가시적인 자연현상에 대한 관심보다 신적 세계에 관심을 보이면서 신지학회(神智學會)에 가입하였으나, 신적 세계에 대한 인식보다 자기 자신을 알고자 하는 근본적인 문제에 더 많은 관심을 보였다.

따라서 슈타이너는 인간 인식에 좀 더 가까이 다가가고자 스스로 인지학회(人智學會)를 창설하고, 활동했다. 이런 인식 전환의 과정에서 슈타이너는 칸트의 『순수이성비판』을 접했다. 슈타이너는 기계론적이고 도덕적인 세계가 동시에 공존한다는 칸트적 세계 인식[171]에 공감했다.

칸트의 영향으로 슈타이너는 『진실과 과학』(1892), 『자유의 철학』(1894)을 집필했다. 이후 슈타이너는 칸트 철학을 거쳐 괴테 사상에 근접하게 되는데, 특히 괴테의 저서와 논문을 섭렵할 정도로 괴테 이론에 깊숙이 빠져들어 자연과학과 정신적 직관의 통합에 관심을 가졌다.

---

171) R. シュタイナー, 『ゲーテの世界観』(色彩世界の考察), 溝井高志 訳, 晃洋書房, 1995, p.20
フランシス・エドマンズ, 考えることから 生きることへ, 中村正明 訳, 麗澤大學出版社, 2005(Francis Edmunds, From Thinking to Living, The Work of Rudolf Steiner, 1990)

이와같이 슈타이너의 학문적 배경은 기본적으로 칸트의 정신에 근간을 두면서 괴테의 자연관찰에서 얻어지는 결과를 바탕으로, 그 자신의 문제를 인간 인식의 문제로 확대하여 감으로서 결과적으로 칸트와 괴테와의 사상적 차별성을 갖게 된다.

2) 괴테의 영향

슈타이너는 괴테 사후에 괴테 전집을 정리하는 과정에서 그의 영향을 많이 받았다. 특히 괴테의 색채론에 대한 슈타이너의 연구서로 「색채 세계의 고찰」(『괴테의 세계관』에 실려있는 논문)(1897)[172]이 있는데, 여기서 뉴턴은 '하얀 빛 안에 다양한 색의 빛이 포함되어 있어, 이들 요소 각각이 하얀 빛으로부터 분리되어 나오는 것으로 인해서 색채가 발생한다.'고 했다. 하지만 이런 뉴튼의 색채이론에 슈타이너는 의문을 갖게 됐다.

슈타이너는 괴테가 '색채는 눈이라고 하는 감각에 대한 자연의 규칙적인 현상이다.'라고 한 색채 인식에 관심을 가졌다. 이런 괴테의 색채 인식은 빛과 어둠의 경계, 물체와 공간의 작용으로 나타나는 현상을 눈으로 지각하는 것을 말한다.

슈타이너는 괴테의 색채론에 바탕을 두면서 색채를 보다 인간의 본질적인 문제, 즉 인간의 초감각적 인식을 통하여 생성되는 것에 관심을 가졌다. 초감각적 인식이란 물리적 육체로서의 인간이 감각을 넘어, 혼이나 영적 세계로 인식되는 현상을 말한다.

슈타이너의 색채사상은 '인간을 물리적인 것에서 끌어올려 영적인 것에 이르게 하는 것도 색채'라는 관점이다. 슈타이너의 초감각적 색채 인식(혼적 색채 인식)은 지금까지 기본적인 색채 인식과는 다른 차원이다.

---

172) Ibid., p.177

슈타이너는 대상의 감각으로부터 자유로운 사고에 바탕을 두고 초감각적으로 발전되어야 자연물의 내면에 가려진 색채 현상을 파악할 수 있다고 보았다. 이런 현상에 접근하기 위해서는 초감각적 구성요소에 대한 이해가 선행되어야 한다.

따라서 슈타이너 학문의 근간을 이루는 인지학의 형성 배경과 의미, 그리고 이를 바탕으로 전개된 인간의 본질에 대한 인식 단계에서 발생한 초감각적 구성요소―몸, 에테르체, 아스탈체, 그리고 자아―를 살펴보고, 이런 요소들이 색채로 현상되는 것을 고찰하고자 한다. 특히 슈타이너가 논하는 고유한 색채와 투영된 상(像)으로서의 색채 현상에 주목한다.

3) 슈타이너의 관심

슈타이너의 사상은 철학, 종교, 예술 교육, 그리고 건축 등의 광범위한 분야에 걸쳐 있다. 슈타이너는 자신이 '색채와 함께 살고 색채 그 안에서 색채를 그린다.'[173]고 할 정도로, 색채 자체에 대단한 관심을 보였다. 그만큼 색채는 인간의 본질과 불가분의 관계에 있고 색채를 떠나서 생각할 수 없다는 인식이다. 따라서 슈타이너는 색채가 인간의 본질과 어떠한 관계를 유지하고 의식의 단계에서 어떻게 지각되는지에 관심을 가졌다.

슈타이너는 이런 의지로 초감각론과 색채론에 관한 저서[174]를 간행하였을 뿐만 아니라 직접 색채 실험도 진행했다. 슈타이너 사후에도 많은 사람들이 그의 색채 철학에 관심을 갖게 된 배경에는 단순히 물리적 개념 이상의 세계를 색채를 통

---

173) 柴山英樹,「シュタイナーの色彩に関する思想的な考察」, 近代教育フォーラム編(14), 2005, p.195
174) 슈타이너의 주요 저서로,『색채 세계의 비밀』(1997),『신지학』(2001),『초감각적 세계인식』(2006),『색채 세계의 고찰』(이는 슈타이너의 저서『괴테의 세계관』에 실려 있는 내용, 1995),『색채의 본질』(2000),『인지학·심지학·영지학』(2007) 그리고『자유의 철학』(2009) 등이 있다.

하여 인식하고자 하는데 있다. 슈타이너의 색채 철학은 그의 사후에 크게 세 가지 분야로 나뉘어 연구가 이루어지고 있다.

하나는 슈타이너가 발도로프 학교를 설립하고 초등학생을 대상으로 행한 예술교육이고, 다른 하나는 괴테아눔(Goetheanum)의 설계를 통하여 유기적이고 표현주의적 건축 실험이다. 마지막으로 보다 중요한 것은 슈타이너의 초월론적 사상[175]과 이를 바탕으로 한 색채사상이다.

02. 슈타이너의 인간에 대한 고차원적 인식

1) 초감각적 인식과 신지학

슈타이너는 한때 신지학에 깊이 관여했지만 후에 인지학회를 만들어 활동하면서 인간의 본질에 관심을 가졌다. 그는 신지학에서 인지학으로의 전환을 꾀하지만 두 이념 간의 차이는 발견할 수 없다. 슈타이너의 저서『신지학』(1918)에서 논의된 대부분의 내용은『초감각적 세계 인식』(1909)에 기초하고 있다. 이는『신지학』의 부제목인「초감각적 세계 인식과 인간 본질에 관한 고찰」에서도 알 수 있다.

특히『신지학』의「서론」에서, 피히테(F.G.Fichte)의 '새로운 인간의 내적 기관'이라든가 '일상적인 감각으로는 전혀 알 수 없는 새로운 세계'라는 내용에 주목한

---

175) 実松宣夫,「超感覚的世界の認識とそれを可能にする道徳性について」, 研究論叢, 山口大学 教育学部, 1992.12, p.353

다. 슈타이너 자신도 이런 피히테의 이념을 '실재하지 않는 세계' 또는 '눈에 보이지 않는 사람에게 색채를 설명하는 것'과 같은 것으로 비유하여 이해했다.

슈타이너는 신지학을 '인간의 감각적 존재를 넘는 예지' 혹은 '인간의 영적 본질'을 다루는 학문으로 지칭했다. 이는 기본적으로 인간의 신체에 관심을 갖고, 이를 통한 높은 단계의 이념, 즉 혼(魂)이라든가 영(靈)의 단계를 추구하는 것을 말한다. 슈타이너는 감각적 경험을 넘는 그 이상의 감각, 즉 초감각적 인식을 통하여 색채를 경험하고자 했다.

하지만 이런 이상적인 색채 인식을 설명하는데 슈타이너 자신도 어려움을 갖고 있었다. 그는 자연현상에서 색채의 변화에 집중하고, 그것이 주는 인상에 몰두할 것을 주장했다. 이런 조건으로 부동심, 내적 균형, 침묵을 전제로 할 때 초감각적 현상이 나타난다고 보았다.

슈타이너는 피히테의 이론과 괴테의 관찰을 바탕으로 그만의 논리, 예를 들면 몸이라는 물질적 육체, 대상에 대한 인상 혹은 혼, 그리고 신적 태도(개인의 감정이 나타나는 영적 세계, 즉 자아)의 단계를 거쳐 인식으로 전환되는 논리를 폈다. 슈타이너의 초월론적 이념은 그의 저서에 나타난 초감각적 구성요소를 고찰함으로써 색채에 대한 인식에 가깝게 접근 가능할 것으로 보인다.

2) 초감각적 구성요소

슈타이너는 인간의 본성을 크게 네 가지로 구분했다. 이 분류는 그의 주요 저서에 자주 등장한다. 따라서 슈타이너에 대한 사상적 접근은 물론 그의 색채사상을 이해하기 위해서 우선 인간의 본성에 대한 그의 분류 체계를 분석할 필요가 있다.

슈타이너의 대표 저서로, 『신지학』(인간의 본질), 『초감각적 세계 인식』(영계 입문의 3단계), 그리고 『색채의 본질』에 나타난 인간 본성의 구성 요소를, 다음의 표를 통하여 살펴보자.

슈타이너의 인간 본성의 구성 요소[176]

단계별 인간 본성의 구성 요소		
아홉 단계	일곱 단계	네 단계
몸 (육체)	몸 (육체)	몸 (육체/물질체)
에테르체	에테르체(생명체)	에테르체 (단순한 생명 구성체)
혼체 감각혼	감각을 가진 혼체 (아스탈체)	아스탈체 (감각혼이 있는 의식 단계)
오성혼	오성혼(나의 핵심)	자아 (의식에서 자유로운 단계, 즉 초의식/초감각적 단계)
의식혼 영적 자아	영으로 충만한 의식혼 (변화한 아스탈체))	
생명령	생명령 (변화한 생명체)	
영인간	영인간 (변화된 몸)	

슈타이너는 『신지학』의 「인간의 본질」에서 인간 본성의 구성 요소를 초기에는 아홉 가지로 제시했으나 완성 단계에서 일곱 가지로 축소하여 정리했다. 예를 들면 혼체와 감각혼, 그리고 의식혼과 영적 자아를 하나로 묶어 최종적으로 일곱 가지로 정리했다. 우연의 일치인지는 몰라도 슈타이너는 색채 현상을 일곱 가지로 분류하여 설명하고 있는데, 이에 대해서는 뒤에서 다루기로 한다.

표의 「슈타이너의 인간 본성의 구성 요소」에서 보듯이 보통의 상식으로는 이해할 수 없는 용어들이 많이 등장하는 것을 알 수 있다. 슈타이너는 육체에서 영인간에 이르는 일곱 단계를 인간의 초감각적 구성 요소로 보고 있다. 여기서 일곱 단계란 몸(즉 육체), 에테르체(ether), 아스탈체(astral), 오성혼, 영으로 충만한

---

176) 루돌프 슈타이너, 『신지학』(초감각적 세계의 인식과 인간의 본질에 관한 연구), 양억관/타카하시 이와오 옮김, 물병자리, 2006, pp.19-52 여기서 「인간의 본질」에 관한 내용을 재구성

의식혼, 생명령 그리고 영인간을 말한다. 뒤의 네 가지(오성혼, 영적 자아, 생명령, 영인간)를 자아로 묶어서 생각해 보면, 결국 몸(육체), 에테르체, 아스탈체, 자아로 집약된다.

슈타이너의 인간 본성의 주요 구성 요소

인간 본성의 구성 요소 네 단계			
몸 (육체 혹은 물질체)	에테르체 (생명체)	아스탈체 (감각을 가진 혼체)	자아 (나)

이와같이 몸(육체)과 정신이라는 데카르트적 이원론적 사고가 지배적이었으나, 위의 내용에서 보듯이 슈타이너는 인간의 구성 요소를 네 단계로 구분했다. 이런 구성요소를 통하여 슈타이너의 색채에 대한 인식이 가능하다. 여기서 주목해야할 부분은 마지막 구성 요소인 자아(나)를 빼고 몸(육체 혹은 물질체), 에테르체, 아스탈체라는 개념에 모두 체(体)가 붙어있는 것에 주목한다. 몸을 물질로서의 육체, 즉 살이나 뼈 등이 몸에서 분리되어 있을 경우의 사체(死体, 생명이 없는 육체)를 생각해 보면 된다. 물질로서의 '체' 자체에는 생명력이 없다. 여기에 에테르체, 즉 생명체가 스며들었을 때 비로소 유기체로 전환된다.

슈타이너의 네 가지 구성 요소간의 관계[177]

구분		광물	식물	동물	인간
나	자아	×	×	×	○
의식	아스탈체	×	×	○	○
생명	에테르체	×	○	○	○
육체	물체	○	○	○	○

---

177) 西平 直,『シュタイナー 入門』, 講談社 現代新書, 1999, op cit., p.119

바꿔 말하면 몸(물질체)에 에테르체가 있어 생명체로서 유기적 활동을 하고 나아가 아스탈체로 발전하게 되는데, 만일 에테르체가 물질에서 분리되면 육체는 붕괴될 수밖에 없다.

식물의 경우에는 에테르체가 있지만 아스탈체가 없다. 아스탈체가 에테르체와 다른 점은 의식이 없다는 점이다. 예를 들면 식물이나 인간의 수면 상태에서 에테르체와 같은 생명력은 있으나 의식을 갖고 있지 않기 때문에 아스탈체라 할 수 없다.

하지만 동물의 경우에는 감각이 있는 의식혼이 있어 외부 감각에 대해서 판단할 수 있는 기능을 갖고 있지만 감각 이상의 독립적 존재로서 자아를 갖지는 못한다. 이런 점에서 인간과 다르다. 자아에는 구체적인 물질적 실체가 없다. 따라서 자아는 느끼지도 보이지도 않는 초감각적이다. 우리는 이를 혼적 혹은 영적으로 인식한다.

> 슈타이너는 '자아가 기억을 가능하게 한다.'고 했다. 아스탈체만으로 감정이 있어도 그것만으로 지속할 수 없다. 기억으로 축적되지 않는다. 예를 들면 '배고프다'라는 감각에는 자아가 움직이지 않는다. 이전에 먹었던 쾌감이 반복되고, 이것이 기억되어, 그 기억이 현재의 '배고픈 상태'가 반복되었을 때 처음으로 자아가 발동한다. 즉 자아라는 자극이 있어, 처음으로 시간적 연속성을 갖게 된다. 이렇게 해서 비로소 인간이 몸(물질체), 에테르체, 아스탈체, 자아의 모든 요소을 갖추게 된다. 따라서 '인간의 본성'은 '초감각적 구성 요소'로 설명이 가능하다.[178]

색채 연구자인 시바야마(柴山)는 본인의 논문에서[179], '현상학적 관점이 아니라 신체와의 직접적인 시점에서 색채의 문제를 탐구하려 한 점이 슈타이너의 특질이다.'라고 언급했다.

---

178) Ibid., p.119(저자 옮김)
179) 柴山英樹,「シュタイナーの色彩に関する思想的な考察」, op cit., p.193

3) 체(體)의 상호관계와 자아

슈타이너가 논하는 체(體)의 본질, 즉 물질체, 에테르체, 그리고 아스탈체의 개념과 이들 사이의 상호관계를 살펴봤다. 여기서는 분리된 독자적인 자아의 활동이 어떻게 전개됐는지 살펴보자.

예를 들면 두 요소의 관계, 즉 몸(육체)+에테르체를 A로, 아스탈체+자아(나)를 B로, 그리고 에테르체+아스탈체+자아(나)를 C로 칭하자. 우리가 보통 자고 있을 때(A`), 꿈을 꿀 때 (B`), 그리고 임상실험 중의 일시적 수면상태(C`,예를 들면, 수면 내시경 등)를 체험하게 된다. A`의 상태는 기억도 없고 의식도 없다. 이 때는 아스탈체가 A로부터 분리되어 초감각적 인식으로 전이된다. B`는 아스탈체가 에테르체에 작용하여 발생하는 현상이다. 즉 B`는 수면상태로, A와 B가 분리되어 발생하지만 아스탈체가 에테르체에 작용하여 꿈을 꾸게 되는 현상이다. 이 때 영향을 주지 않으면 본래의 수면상태로 복귀한다. C`는 에테르체가 일시적으로 몸(육체 혹은 물질체)으로부터 분리되어 C의 상태로 나타나는 현상이다. 즉 에테르체(생명)와 몸(물체)이 분리되는 현상을 말한다. 예를 들면 장시간 앉아 있다가 일어나면 저리는 현상과 같은 경험이다.

슈타이너는 '자아(나)는 이해되는 것이 아니다.'고 하였다. 몸(물질체)으로부터 자유롭고 감각으로부터 자유로운 주체, 즉 영적 실체로서의 자아(나)를 말한다. 따라서 여기서 자아(나)라고 할 때는 초감각적이고 영적인 실체를 말하는데, 이런 인간에 대한 고찰로부터 어떻게 색채가 인식되는지 살펴보자.

03. 슈타이너의 색채 인식

1) 자연현상에서의 색채 인식

슈타이너는 자연현상에서 일어나는 초감각성이 어떻게 인식되고 지각되는지에 관심이 많았다.

> 눈이 없으면 '파랑(靑)'을 지각할 수 없다. 눈만으로는 '청'을 기억할 수 없다. 눈이 청의 감각을 가지기 위해서는 눈 앞의 푸른 무엇이 있어야 한다.[180]

여기서 슈타이너가 논하고자 하는 것은, 하늘의 자연현상을 파랑이라는 색채로 인식하기 위해서는 어떤 대상(하늘)과 대상에 대한 인상(파랑)이 어떻게 의미를 갖게 되는가에 있다. 예를 들면 물질로서 파랑을 인식하기 위해서는 기본적으로 빛을 필요로 하지만 푸른 것을 파랑으로 인식하기 이전에 자연현상 자체에서 발현하는 푸른 성질에 집중하여야 파랑으로 인식된다는 논리이다.

이것은 물질의 표면에 부착되어 나타나는 물질적 색채로서의 단계를 벗어나 물질 내부에서 활동하고 있는 보이지 않는 차원, 즉 에테르체의 활동으로서의 푸른 성질이 아스탈체로서 인식되어 나타나는 현상이다. 이런 점에서 하늘의 파랑이라는 색채는 초감각적으로 인식된 색채라고 할 수 있다.

코린 윌슨(C. Wilson)도 그의 저서『슈타이너』(1985)에서, '세계의 영은, (생략) 물질계 내부에서 꾸물꾸물 활동하고 있다.'[181]고 설명하고, 또한『슈타이너 자서

---

180) 루돌프 슈타이너,『신지학』, op cit., p.56
181) コリン・ウイルソン,『ルドルフ・シュタイナー』, 中村保男 訳, 河出書房, 1988(Colin Wilson,『Rudolf Steiner』, The man and His vison, 1985)

전·Ⅰ』(제10장)에서도, '감각으로부터 자유로운 사고로 발전되는 것으로 혼은 세계의 영적 본성과 관련을 갖는다.'[182]고 했다. 슈타이너는 피히테가 '새로운 인간의 내적 기관'의 필요성에 관한 강조에서 색채를 물리적 차원 이상의 것으로 인식한 것에 중요한 의미를 두었다.

2) 아스탈체적 색채 인식

슈타이너는 '자연에 있어서 내면은 배후에 숨겨져 있다. 인간 정신이 그 내면을 탐구하고 인식하지 않으면 안된다.'고 주장한 바 있다. 이것은 자연의 생명체(에테르체)에 가려진 아스탈체(혼체)를 밖으로 끌어내어 혼적으로 인식해야 한다는 것을 의미한다. 이런 과정에 대한 색채 인식은 생명체의 내적 활동이 색채라는 상(像)으로 표출되어 나타나는데, 이를 슈타이너는 '색채는 대상의 내면에서 살아 움직이는 하나의 내적 본질'[183]로 봤다. 다시 말하면 인간이 시각적으로 인식된 자연현상의 결과로 나타난 색채 현상을 물질 내부의 혼적 작용(아스탈체 작용)의 결과로 인식한 것이다.

슈타이너도 이런 색채 현상을 지각하기 어렵다고 했다. 하지만 '감각할 수 있는 것만이 현실에 존재하는 것은 아니다.'라든가 '눈이 공간상의 사물을 색채 현상으로 볼 수 있는 것과 마찬가지로 내적 감각은 혼적 혹은 영적 현상에서 색채를 느끼는 것과 같은 지각 내용을 가질 수 있다.'는 슈타이너의 인식에서 알 수 있다. 이런 색채 인식을 몇 가지 예로 들어보면, '나는 어둠 안에서 신의 존재를 찾아낸다.'라든가 '생명의 녹색 안에서 모든 살아있는 것은 숨 쉰다.' 그리고 '태양의 흰색 안

---

182) シュタイナー, 『シュタイナー自伝』(Ⅰ), 伊藤勉 訳, 人智学出版社, 1990
183) 루돌프 슈타이너, 『색채의 본질』, op cit., p.22 (シュタイナー, 『藝術と美學』, 西川陵範 訳, 平河出版社, 1989)

에 나의 존재의 핵심이 나타나 있다.'[184] 등과 같은 내용이다.

　슈타이너는 어둠은 신적 존재로 검은색으로, 생명은 녹색으로, 그리고 태양은 흰색에 비유하여 인식했다. 신적 존재=검은색, 생명=녹색, 그리고 태양=흰색이라는 등식에서 신적 존재, 생명, 태양은 자연현상의 일부지만 구체적으로 형태라든가 색채가 존재하지 않는 인식의 문제로밖에 볼 수 없다. 눈으로 판단되는 것만이 색채가 아니라 인간 사고의 내용이나 성질도 색채로 인식될 수 있다는 주장이다.

　또 다른 예로, 슈타이너는 인간에게는 각자의 아우라가 있는데, 이 아우라는 그 사람의 내면 성질이 밖으로 표출되어 나타난 현상이다. 이는 '색이 보이다'라기 보다는 '색을 띠다'라는 표현에 더 가깝다. 예를 들면 돌이나 흙같은 광물이 표면색을 갖는 반면, 식물과 같은 생명체는 식물 내부의 에테르체의 작용으로 색채가 생성된다. 하지만 동물이나 인간에게는 에테르체와 의식을 갖는 아스탈체가 동시에 작용하여, 피부색은 내면의 감정에 따라 다르게 나타난다.

　하지만 식물, 동물 그리고 인간이 유기체의 힘을 잃고 물질로서의 사체(死體)로 변할 경우에는 광물과 같은 표면색을 띤다. 예를 들면 충격을 가했을 때 피부가 푸른색으로 변하는 것을 볼 수 있는데, 이는 피부의 표면이 변한 것이 아니라 피부 내부의 에테르체가 변하여 나타나는 현상이다.

　이런 색채 인식을, 슈타이너는 '색채는 우주의 혼이며 자연의 혼이다.'는 포괄적인 측면에서 접근했다. 기본적으로 인간은 몸이라는 물질체(육체)를 바탕으로 에테르체와 아스탈체가 작용하여 다양하게 인식되는데, 특히 인간은 지각, 감각, 감정, 사고, 욕망 그리고 지성 등의 의식에 따라 다양한 변화를 일으키고 있다.

　예를 들면 육체적 욕망의 경우는 암적색을, 사색적이고 지성적인 경우에는 녹색을, 희생정신이 강하면 붉은 보라색을, 그리고 육체적 쾌락은 적색을 띠는 경우가 많다. 이런 몸(물질체)+에테르체 이상의 감각 인식, 즉 아스탈체적 색채는 인

---

184) シュタイナー,『芸術の贈り物』, 高橋巖 訳, 筑摩書房, 2004, p.385

간 내면의 흔적 작용으로 생성되어 나타나는 현상이다.

슈타이너는 『색채의 본질』에서, '일반적으로 우리들은 단단한 물체의 표면에 나타난 색채만을 문제시하고 있다. 그러나 이것만으로는 색채의 유동적인 성격을 파악할 수 없다.'[185]라든가 '색채란 본래, 그 자신이 내부에 종속되지 않는다. 색채란 물체 속에 살아있다. 그리고 물체 속에서 솟아올라야 한다.'[186]고 일관되게 주장했다.

일반적으로 색채를 자연물의 표면에 붙어있는 것으로 인식되지만, 슈타이너가 논하는 색채란 인간의 인식에 의한 색채, 즉 아스탈체적 존재 안에서 색채가 생성될 수 있다는 논리이다.

04. 슈타이너의 색상환과 투영된 상(像)

1) 슈타이너의 일곱 가지 색과 색상환

뉴턴이 일곱 가지 색(빨강, 노랑, 파랑, 녹색, 주황, 남색, 보라)을 제시했다면, 슈타이너는 그만의 일곱 가지 색(빨강, 파랑, 노랑과 녹색, 검은색, 흰색, 살색)을 논했다. 여기서 일곱 가지 색을 다시 두 가지로 분류하여 설명하고 있는데, 하나는 빨강, 노랑, 파랑과 같은 물체의 고유한 색채를 말하고, 다른 하나는 녹색, 검은색, 흰색, 살색과 같은 투영된 상(像)으로서의 색채를 말한다. 전체 색 수가 일곱 색이

---

185) 루돌프 슈타이너,『색채의 본질』, op cit., p.49 (シュタイナー、『色彩の秘密』色彩の本質 秘教篇, 西川隆範 訳, イザラ書房, 1995)
186) Ibid., p.63-64

라는 점에서는 뉴턴의 색채이론과 다를 것이 없어 보이나 '색채가 어떻게 발생되는가.'라는 측면에서는 다르다.

슈타이너의 색채 인식은 괴테의 색채론에서 많은 영향을 받았지만, 인간의 본성으로부터 색채를 인식하려는 측면에서 보면 기존 색채론자와 다르다. 슈타이너는 일곱 가지 색의 분류뿐만 아니라 색상환에 대해서 다음과 같이 논하고 있다.

> 개개의 영(靈)과 보편적인 영의 합일을 비유적으로 말한다면, 여러 가지 원이 하나의 원과 합동이 되고, 그 원 속에서 자기를 해소시키는 그런 그림이 아니라 각각이 나름대로의 색깔을 가진 많은 원을 생각해야 한다. 그 다채로운 원환(圓環)은 서로 겹쳐지는 경우에도 각 색깔은 전체 속에서 그 특질을 잃지 않고 자기 존재를 유지하고 있다. 어느 색깔도 그 독자적인 색채 가치를 잃지 않는다.[187]

이러한 슈타이너의 색상환 이론이 색채 인식과 어떠한 관계를 갖는지 좀 더 구체적으로 고찰할 필요가 있다. 슈타이너는 다른 색채론자와 달리 녹색, 검은색, 살색은 생명체(에테르체)의 상이 밖으로 표출되어 나타난 색채로 인식했다. 우선 고유한 색채부터 살펴보자.

2) 고유한 색채에 관한 정의

슈타이너는 빨강, 파랑, 노랑의 세 가지 색은 외부의 작용으로 발생하여 나타난 색이 아니라 물질의 내적 작용으로 발현하여 나타난 색채로 인식했다. 그는 『색채의 본질』에서 '노랑은 영의 빛남이다. 파랑은 혼의 빛남이다. 빨강은 생명의 빛남이다.'고 했는데, 여기서 노랑은 안에서 밖으로 확산하려는 빛남을 가지고 있어, 이를 자아적 성격, 즉 내면의 상태가 밖으로 방출되어 나타난 색채로 봤다. 이에

---

[187] 루돌프 슈타이너, 『신지학』, op cit., pp.176-177

반해 파랑은 노랑과 반대되는 성격을 갖는 색채로 노랑이 중심에서 주변으로 방사하는 반면, 파랑은 주변에서 중심으로 방사하는 아스탈체적 성격을 띠고 있다.

슈타이너는 빨강을 이 두 가지 색채(노랑과 파랑을 말함)에 대한 일종의 조정자로 보고 완전히 하나의 평면으로 표현될 수 있는 색채로 인식했다. (생략) 빨강은 방사하지도 외피를 만들지도 응축되지도 않는 색으로 균질로서 존재하며, 방사와 응축, 응축과 유출 사이에서 균형을 유지하려는 성질을 갖고 있다고 봤다. 이것이 빨강의 본성이라는 것이다. 다시 말하면 빨강은 에테르체 내에서 균형 관계를 유지해야만 존재할 수 있는 것으로 어느 한쪽으로 치우치지 않는 색채로 인식했다.

빨강, 파랑, 노랑을 몸(물질체), 에테르체, 아스탈체와의 관계로 설명할 수 있다. 이를 정리하면 다음과 같다.

고유한 색채 인식[188]

구분	색채 인식 내용	작용
빨강	안과 밖의 균형관계 유지	생명의 빛남
파랑	밖에서 안으로 방사	혼의 빛남
노랑	안에서 밖으로 방사	영의 빛남

3) 상(像)으로서의 색채에 관한 정의

슈타이너는 '빛, 색, 소리는 생물체처럼 존재하지 않는다.'고 했다. 그렇다면 이것들은 생물체 내의 어떤 작용의 결과로 지각되는가에 관심을 갖게 된다. 예를 들면, 우리의 뇌, 심장, 위가 몸(육체)으로서의 구조적 기능을 하면서 동시에 생명체를 갖는다. 이런 기능들이 감정, 욕망, 정열 등의 관계를 통해서 아스탈체적 의식

---

188) 루돌프 슈타이너, 『색채의 본질』의 「색채의 상(像)과 광휘(光輝)」(pp.29-50)의 내용을 재구성

을 갖게 된다. 이때 눈에 보이지 않는 내적 반응이 상(像)으로 인식되어 나타난다.

> 영이 그림자(상을 말함)를 던지고 그 속에 죽음을 받아들였을 때, 영이 던진 그림자 속에서 죽음의 상으로 검은색이 생겨난다. 그림자를 던지는 것이 죽음이고, 그 속에서 식물과 같은 생명적인 것이 빛날 때 녹색이 나타난다. 생명적인 것이 그림자를 던지고 빛나는 것이 혼일 경우 그 상으로 살색이 생겨난다. 그림자를 던지는 것이 혼이고 그 속에서 빛날 때 그 상으로 흰색이 나타난다.[189]

여기서 녹색, 검은색, 흰색, 살색의 네 가지 색은 앞서 논한 고유한 색으로서의 세 가지 색의 발생 과정과는 그 의미가 다르다. 이들 네 가지 색은 '투영된 상'으로 나타나며 자연의 대표적인 상으로 비유되기도 한다. 즉, 녹색은 식물의 상, 살색은 피부의 상, 흰색은 빛의 상, 그리고 검은색은 어둠의 상과 연관시켜 생각해 볼 수 있다. 이를 정리하면 다음과 같다.

상으로서의 색채 인식[190]

구분	투영된 상의 색채	색채의 작용과 상징성
식물	생명이 투영된 상으로서의 녹색	에테르체
피부	혼이 반영된 상으로서의 살색	아스탈체
빛	빛으로 투영된 상으로서의 흰색	자아
어둠	소멸로서 반영된 검은색	신(神)적 존재

또한 슈타이너는 녹색과 살색의 발생에 대해서, 또 다른 의견을 제시했다.

---

189) Ibid., p.29
190) 루돌프 슈타이너, 『색채의 본질』의 「색채 체험과 네 가지 상(像)의 색」(pp.13-28)과 「색채의 상(像)과 광휘(光輝)」(pp.29-50)의 내용을 재구성

정지해 있는 하얀 평면이 있다. 이 하얀 평면 위로 한쪽에서는 노란 빛을, 다른 한쪽에서는 청색의 빛을 비춘다. 그러면 녹색이 나타난다. (생략) 그러나 살색이 나타나게 하려면 전혀 다른 방법을 써야 한다. 우선 위에서 아래로 검은색과 흰색 선을 번갈아 그려간다. 이 검은색과 흰색을 서로가 서로에게 영향을 주는, 움직이는 상태로 설정한다. 이렇게 상호작용하는 흑·백의 운동 위로 빨간 빛을 비추면 살색이 생성된다.[191]

슈타이너는 녹색과 살색 사이에는 서로 끌어당기려는 긴장관계가 있다고 봤다. 특히 검은색과 흰색의 운동 과정에 빛을 비치면 살색이 생성되는 원리로 피부색에 비유하여 설명했다. 피부색으로서 살색(肉色)은 육체 운동의 결과로 표출되는 혼적 색채와 맥을 같이 한다.

하지만 흰색은 빛의 색과 같아서 물체의 표면에 나타나지 않는다. 흰색을 보다 명확하게 지각하기 위해서는 그 반대쪽에 있는 검은색을 의식하지 않으면 안된다. 예를 들면, 빛이 없는 방에서 색을 볼 수 없다. 색채 인식은 본질적으로 빛을 통해서만 가능하다. 그러나 빛 자체에는 색이 없어 볼 수가 없다. 한편 검은색은 흰색과 대비되는 색으로 검은색 자체가 본질적인 것이다.

따라서 검은색은 동적인 색채라기보다 정지되어 나타난 색으로 그 안에 반대되는 성질을 갖는 흰색으로 인하여 인식된다.

---

191) 루돌프 슈타이너, 『색채의 본질』, op cit., p.30

마무리

　슈타이너는 인간의 본질에 관한 관심에서 출발해 인지학이라는 새로운 학문 체계를 세우려 했지만 실제는 신지학의 범주를 크게 벗어나지 못했다. 슈타이너는 인지학의 이념이 자연의 물리적 현상보다 그 내면의 본질 세계로의 인식이 가능한지에 대해 많은 의문을 갖고, 여기에 모든 관심을 집중했다. 이런 접근으로 슈타이너는 초감각적 인식을 통하여 대상의 본질을 이해하려 했다. 이는 대상이라는 사실로부터 감각을 지각하고, 여기서 받는 의미를 찾아 혼으로 발전시킬 때 의식혼과 자아가 생성되고, 결국은 초감각성이 생성된다.

　슈타이너는 이런 초감각성을 자연현상으로부터 끌어내기보다 인간의 본질에서 찾고자 했다. 몸(육체) 자체를 이해하고, 이보다 좀 더 발전된 형태로 에테르체(식물과 같은 생명체)와 아스탈체(의식이 있는 동물과 인간)로 구분하여 분석했다. 최종적으로 자아(나)라고 하는 단계로 이어졌다. 따라서 슈타이너는 자아(나)의 혼적 의식에서 영적 의식으로의 변화를 통하여 색채를 인식했다.

　슈타이너는 생명체(에테르체)가 있는 색채 현상, 그리고 의식을 갖는 동물내지 인간의 혼적 생명체(아스탈체)의 색채 현상, 마지막으로 자아(나)의 직관으로 인식되는 색채 현상에 이르기까지 다양한 색채 현상에 관심이 많았다.

　슈타이너는 뉴턴의 기계론적 색채이론을 염두에 둔 듯, 빨강, 파랑, 노랑을 고유한 색으로, 그리고 검은색, 흰색, 녹색, 살색을 상(像)으로 발현되는 색채로 구분했다. 이와같이 슈타이너의 색채론은 우리 모두가 기존에 인식하고 있는 색채론과 달리 인간의 감각 이상의 인식에 바탕을 두고 있다.

　슈타이너의 색채론에 대한 근거를 실험적으로 증명하기 어려운 점이 많다. 이것은 슈타이너가 색채 현상을 시각 현상을 넘어 초감각 현상으로 인식했다는 점이다. 하지만 시간이 흐를수록 지속적으로 슈타이너의 색채사상에 관심을 갖게 된 것은 우리가 알지 못하는 그 이상의 뭔가가 있지 않을까 하는 기대감 때문이었다.

　슈타이너는 인간 본성의 문제에 관심이 많았고, 이런 과정에 색채는 어떻게 인식되는가하는 문제로 확장되었다. 슈타이너의 색채 연구는 후에 철학과 예술 교육에 많은 영향을 미쳤고 여전히 그 맥을 이어오고 있다.

6

비트겐슈타인

색채와 언어 사용

01. 비트겐슈타인의 형성과 색채 언어

1) 비트겐슈타인의 형성

현대철학의 주요한 특징은 언어를 철학의 주요한 과제로 삼았다는 점이다. 언어 철학은 언어와 사실의 관계를 다루는 학문으로 언어가 일상생활에서 어떻게 쓰이고 있는가를 통하여 그 의미를 밝히려는 것이다. 이런 언어 철학의 중심축에 비트겐슈타인(L. Wittgenstein, 1889~1951)이 있었다. 비트겐슈타인은 고전철학에서 볼 수 있는 이념이나 형이상학적 표현에는 관심이 없고, 오로지 우리가 일상생활에서 언어가 제대로 사용되고 있는지, 즉 언어 사용에 문제가 없는지에 관심이 많았다.

비트겐슈타인은 언어 사용에서의 문제점을 극복하고자 『논리철학논고』[192] (1921, 이하 『논고』)를 집필했다. 이 책은 비트겐슈타인이 29세에 쓴 것으로, 자원 입대한 5년간의 군(軍) 생활 중에 메모하여 정리한 것이다. 이 책이 비트겐슈타인 생전에 출간된 유일한 언어 철학서이다. 여기서 그는 언어와 사실의 관계를 가장 단순하게 표현했는데, 이것이 단순 명제로 언어의 그림이론(picture theory)에 해당한다.

---

192) 루트비히 비트겐슈타인, 『논리철학논고/철학탐구/반철학적 단상』, 김양순 옮김, 동서문화사, 2015/루트비히 비트겐슈타인, 『논리철학논고』, 이영철 옮김, 책세상, 2006

비트겐슈타인은 『논고』 출판 이후 오랜 기간의 공백 기간을 거쳐, 『철학적 탐구』[193](1953, 이하 『탐구』)를 발표했다. 여기서 그는 언어와 사실의 세계가 일치한다는 언어의 그림이론을 수정하여, 하나의 언어가 다양하게 사용되고 의미를 갖는 언어의 게임이론(Game Theory, 이를 '언어의 놀이이론'으로 표현하기도 함)으로 수정, 발표했다.

비트겐슈타인이 언어의 그림이론에서 언어의 게임이론으로 수정 발표한 계기는 색채 언어였다. 그만큼 색채라는 언어는 초기 논문 『논고』에서는 물론 『탐구』에서도 언어 사용의 문제점을 인식하는 중요한 단서가 되었다. 하지만 『논고』는 물론 『탐구』를 이해하기에는 굉장한 인내가 필요하다. 비트겐슈타인 스스로 『논고』의 머리글에서, '독자 한 사람이라도, 이를 읽고 이해하는 즐거움을 얻었다면 이 책의 목적은 달성한 셈이다.'고 밝힌 바 있다. 비튜겐슈타인 연구자인 뭉크(R.Monk)는, 이에 대해 다음과 같이 기술하고 있다.

> 이 책(『논고』를 말함)이 출간된지 100년 가까이 지났으며, 그에 관한 이차적인 연구 문헌이 수없이 발표되었지만, 아직도 어떻게 읽혀야 하는지에 대한 일반적인 합의는 없다. 철학 저술 가운데 가장 수수께끼 같고 신비롭다.[194]

비트겐슈타인이 색채 언어에 대한 관심을 갖게 된 배경에는, 괴테의 『색채론』이 있었다. 그는 암투병 중에도 괴테의 『색채론』을 읽고 언어 사용에 대한 문제점을 재발견했다. 비트겐슈타인의 제자인 앤스콤(G.E.M. Anscombe)은 비트겐슈타인의 메모를 정리하여 『색채에 관한 소견들』[195] (1977, 이하 『색채』)을 출간했

---

193) 루트비히 비트겐슈타인, 『철학적 탐구』, 이승종 옮김, 아카넷, 2016
194) 레이 뭉크, 『How to Read 비트겐슈타인』, 김경화 옮김, 웅진지식하우스, 2005, pp. 50-55
195) ウィトゲンシュタイン, ルードヴィッヒ, 『色彩について』, 中村 昇訳, 新書館, 1997/비트겐슈타인, 『색채에 관한 소견들』, 이영철 옮김, 필로소픽, 2019/Ludwig Winttgenstein, Remarks on Colour, G.E.M. Amscombe ed., University of California Press, 1997

다. 여기서는 비트겐슈타인이 초기에서 말년에 이르는 저술 작업에서 색채 언어를 자주 차용하는 것에 관심을 갖고, 이런 색채 언어가 후기로 갈수록 어떻게 변화했는지에 주목한다. 하지만 비트겐슈타인 철학의 어려운 점은 짧은 문장과 색채 언어의 사용에 있다.

2) 색채 언어에 대한 관심

비트겐슈타인의 언어 철학은 크게 두 가지로 구분할 수 있다. 첫 번째는 언어를 통하여 세계의 사실들을 표현하는데 있어, 언어와 사실의 세계가 일치하는가를 논하는 것이고, 두 번째는 언어가 갖는 의미는 다양하므로, 언어가 사용되는 문맥 안에서 어떻게 쓰이고 있는가를 논하는 것, 즉 '언어의 사용'에 관한 것이다.

이러한 비트겐슈타인의 언어 해석에 대한 관심은 언어 자체에 머무르지 않고 예술 작품의 개념이나 비평의 단계에서 새롭게 인식하는 계기를 만들었다. 특히 비트겐슈타인은 말년에 괴테의 색채론을 접하면서 색채라는 언어를 통하여, 당시까지 인식하지 못한 언어 사용의 문제점을 정확하게 집어냈다.

『논고』는 비트겐슈타인이 생전에 출판된 처음이자 마지막 저서이고, 나머지는 제자들이 그의 원고를 정리하여 출간했다. 특히 앤스콤은 비트겐슈타인이 말년에 메모한 자필들을 모아 하나의 책으로 출간했는데, 이 책이 바로 『색채』라는 철학서이다. 이 책을 통하여 그의 색채 철학을 이해하는 중요한 단서가 되고 있다. 앞에서도 논했지만 비트겐슈타인 철학은 사람들이 '언어를 제대로 사용하고 있는가.' 혹은 '언어 사용에 문제는 없는가.'라는 것이었다. 이런 언어 사용으로 인한 문제점을 논리화하는 과정에서 색채라는 언어가 등장했다.

> 색깔들은 철학함에 이르도록 자극한다. 아마도 이것이 색채론에 대한 괴테의 열정을 설명해 준다. 색깔들은 우리에게 하나의 수수께끼―우리를 선동하

는 것이 아니라 자극하는 수수께끼—를 부과하는 듯 보인다.(MS 136 923 : 1948.1.11)[196]

이와같이 비트겐슈타인은 자기 철학을 구축하기 위한 수단으로 색채 언어를 적극 차용했다. 따라서 그의 색채 언어를 이해하기 위해서는, 초기 논문『논고』와 중기 이후의 논문『탐구』, 그리고 색채 언어의 결정판이라고 할 수 있는 후기 논문『색채』에 대한 단계적 검토가 필요하다.

따라서 여기서는 비트겐슈타인의 주요 저서인『논고』와『탐구』, 그리고『색채』를 근거로 색채 언어들이 어떻게 쓰이고 있는지 살펴본다.

02.『논고』에 나타난 색채 언어

1)『논고』와 그림이론

비트겐슈타인은『논고』의 명제에서, '모든 철학은 언어에 대한 비판이다.'(4.0031, 이하 비트겐슈타인이 논리 전개상 붙인 숫자)라고 정의했다. 이 내용을 명제에서는 '철학은 이론이 아니라 활동이다.'[197](4.112)고 단정짓고 있다. 이 명제에는 하나의 주제에 대해서 개인이 주장하는 내용에 대한 근거를 갖고 전개하는 전통적인 철학 방식으로부터 탈피하려는 의미가 함축되어 있다.

---

196) 비트겐슈타인,『문화와 가치』, 이영철 옮김, 책세상, 2006, p.143
197) 이 명제를 이영철은 '철학은 교설(敎說)이 아니라 활동이다'라고 옮겼다.(루트비히 비트겐슈타인,『논리철학논고』, 이영철 옮김, op cit., p.48)

따라서 비트겐슈타인은 '세계의 사실과 언어와의 관계'에 관심을 갖고, '어떻게 하면 세계에 대한 사실을 언어로 재현할 수 있을까.'라는 것에 주목했다. 비트겐슈타인은, 앞서 제시한 '모든 철학은 언어에 대한 비판'이라고 밝힌 바 있다. 다음은 명제(4.01)에 대한 개념이다.[198]

> 명제는 현실의 상(像)('현실의 그림' 혹은 '실재의 그림'으로도 표현)이다.
> 명제는 현실에 대한 모형('실재의 모형'으로도 표현)이며, 우리는 그렇게 현실을 상상한다.

위의 명제에서 현실의 상, 현실의 그림, 실재의 그림은 모두 같은 내용이다. 비트겐슈타인은 세계를 이해하는데 있어 그림을 통하여 언어로 이해하는 방식을 취했다. 이를 그림이론이라 하고 『논고』에서 집중적으로 다루었다.

비트겐슈타인이 그림이론에 힌트를 얻은 것은 파리 시내에서 발생한 교통사고에 관한 신문기사였다. 교통사고를 설명하기 위해 파리 법정에서 장난감 자동차와 인형을 사용하여 사고 당시를 실제 상황에 맞게 모형을 배열하여 재현했다.

그렇다면 여기서 그림이 되는 것은 자동차 사고 현장을 축소하여 재현한 도로 상황, 자동차, 사람들의 모형을 말한다. 즉 모형이 그림이고 언어인 셈이다. 언어로 표현할 것을 실제 상황과 일치하게 모형으로 표현했다.

> 그림은 실재(혹은 현실)의 모형이다.(2.12)
> 그림에서 그림의 요소들은 대상들을 대표한다.(2.131)
> 그림을 구성하는 것은 그 요소들이 일정한 방식으로 관계를 맺고 있다.(2.14)

---

[198] 비트겐슈타인 저서의 번역에서 옮김이(김양순, 이영철, 박병철 등)에 따라 표현이 약간씩 차이를 보이고 있다.

위의 명제는 실제 상황을 축소 모형으로 설명이 가능하고, 축소 모형을 구성하는 하나하나의 요소들은 서로 관계를 맺고 있음을 나타낸다. 이를 비트겐슈타인은 『논고』의 첫머리에서 다음과 같이 정의했다.

> 세계라고 하는 것은 실제로 성립되어 있는 사례들의 모든 것이다.(1)
> 세계는 사실들의 모든 것이지 사물의 모든 것은 아니다.(1.1)

일반적으로 세계는 사물들(things)로 이루어져 있다고 생각하는 경향이 있다. 대부분 사람들은 비트겐슈타인처럼 사실들(facts)로 이루어져 있다고 보지 않는다는 점이다. 이런 관점이 바로 기존 철학의 인식과 다른 점이다.

그렇다면 사물과 사실의 차이는 무엇일까. 예를 들면, '장미는 빨갛다'라고 하면, 우리는 꽃이라는 이미지와 빨갛다라는 이미지가 겹쳐 빨간 장미로 인식한다. 그러나 우리가 이미 알고 있듯이 빨간 장미이외에 노란 장미도 있고 분홍 장미도 있다는 사실이다. 또한 장미는 색깔 이외에도 줄기나 가시, 잎 그리고 향기 등으로 구성되어 있다.

이와같이 장미를 구성하고 있는 모든 요소를 사실로 보아, 이들 구성요소에 대한 사실의 이해 없이, '장미는 빨갛다'라고 단정적으로 말할 수는 없다. 따라서 장미라는 사실의 전체상(장미를 구성하고 있는 모든 요소, 즉 뿌리, 줄기, 가지, 잎, 꽃잎, 향기 등의 상호관계)을 통해 장미를 인식하는 것이 중요하다는 것이다.

비트겐슈타인은 '철학은 언어에 대한 비판'이 아니라 '철학은 행위(활동)이다.'는 사실에 주목했다. 앞에서 교통사고에 대한 모형 실험과 마찬가지로 건축이나 도시 분야의 실험 과정에서도 볼 수 있다. 예를 들면 건물을 짓고자 하는 대지에 대한 분석 과정에서 대지 주변의 건축물이나 도로, 그리고 주변환경 등의 실제 크기를 축소하여 모형을 만들어 놓고(이것이 세계에 대한 사실들이다), 이를 보면서 다양한 실험을 통하여 진행한다. 즉 축소 모형이 설명하고자 하는 대상(사실)

에 대한 언어인 셈이다.

2) 그림이론과 색채 배제의 문제

비트겐슈타인은 『논고』를 발표한지 10년이 지난 1929년 「논리적 형식에 관한 몇 가지 소견」이라는 논문을 발표했다. 그는 이 논문에서 『논고』의 논리적 형식 구조, 즉 그림이론에 존재하는 문제를 발견하고, 이를 수정하기 위해 새로운 모색을 시도했다. 여기서 그림이론을 다시 한번 되돌아보고 그림이론의 문제점을 살펴보고자 한다.

그림이론은 '세계와 사실의 관계가 일치한다는 것', 즉 '요소명제는 상호 독립적'이라는 사실이다. 예를 들면 '장미(A)는 빨갛다(B)'라는 명제에서, 장미(세계 혹은 현실)=빨갛다(사실)라는 논리(A=B)는 맞지 않다(A≠B). A=B라는 『논고』의 논리적 형식 구조에서 장미라는 세계의 요소들이 빨갛다라는 하나의 언어, 즉 일대일(一對一)로 대응하여 표현되고 있다는 점을 비트겐슈타인은 지적했다. 앞서 논한 '장미는 빨갛다'라는 명제에서 장미=빨갛다는 맞는데, '장미는 노랗다'(C) 혹은 '장미는 분홍색이다'(D)라는 표현(A=C 혹은 A=D)은 틀리다는 것과 같다. 즉 A≠C, A≠D이다.

이와같이 『논고』의 그림이론에서 보여주는 색채 언어는 세계와 사실의 관계를 설명하는 주요한 요인으로 작용하고 있다. 따라서 색채 언어의 도입으로 세계와 사실의 관계가 일치하지 않는다는 것을 알게 됐다. 즉 앞서 논한 '장미는 빨갛다'라는 명제는 잘못됐다는 것이다. 그렇다고 '장미는 빨갛고 노랗다'라는 이중 표현은 가능한가에 대한 의문이다. 이런 인식 개념이 바로 색채 사용의 불가능성, 즉 색채 배제라는 문제를 낳았다. 비트겐슈타인은 다음과 같은 논리를 제시했다.

두 가지 색채가 동시에 눈 앞의 한 장소에 있다는 것은 불가능하며, 이것은 논리적으로 불가능하다. 왜냐하면 이것은 색채의 논리적 구조에 의해 배제되었기 때문이다. (생략) 눈앞의 한 점이 동시에 두 개의 다른 색채를 가진다는 진술은 모순이다. (6.3751).[199]

예를 들면 '이것은 파란색이고 빨간색이다'라는 명제가 가능할까라는 것이다. 다시 말하면 '이것=빨강'이고, '이것=파랑'이라고 한다면 모순(빨강=파랑)이 아닌가. 이와같이 색채 배제는 'A라는 지점이 빨간색이면서 동시에 파란색이 될 수 없다'는 것이다. 즉 A라는 지점이 빨간색이 아니기 때문에 파란색이 배제되어야 함을 의미한다. 하나의 파란색 점을 볼 때, 이 점이 빨강도 아니고 노랑도 아니라는 사실을 알 수 있다. 즉 우리가 하나의 색채를 인식할 때, 그 색채만을 알고 있는 것이 아니라 다른 색채도 동시에 알고 있는 셈이다. 따라서 하나의 점이 동시에 두 개의 색채로 이루어질 수 없는 이유이다.

비트겐슈타인은 『논고』에서 밝힌 '요소명제는 상호 독립적이다.'라는 주장을 포기했다. 『논고』에서 보여준 언어의 문제를 해결하고자 비트겐슈타인은 새로운 모색을 찾고자 했는데, 이 과정에서 『탐구』라는 철학 체계가 만들어졌다. 다음의 해커(P. M. Hecker)의 지적에서도, 이를 알 수 있다.

> 비트겐슈타인의 전기 철학은 단 하나의 문제, 즉 색채 배제의 문제를 해결할 수 없던 까닭에 붕괴되었다. [200]

결과적으로 비트겐슈타인은 『논고』에서 보여준 명제의 모순을 색채 현상에 대

---

199) 루트비히 비트겐슈타인, 『논리철학논고/철학탐구/반철학적 단상』, op cit., p.111(이 인용문은 필자 나름대로 일부 수정하였다.)
200) 이승종, 「비트겐슈타인의 색채 개념 분석」, 철학 연구회, 1996, p.148 이 내용은 이승종의 지음 『비트겐슈타인이 살아 있다면』(문학과 지성사, 1993, p.63)에도 실려 있다. (P.M.S. Hacker, 『Insight and Illusion』. Oxford : Oxford University Press, 1972, p.86)

한 분석에서 찾으려 했다. 비트겐슈타인은 『논고』를 수정하여 『탐구』라는 논문을 발표했는데, 『탐구』는 비트겐슈타인의 후기 철학의 이념인 언어의 게임이론으로 확장됐다.

03. 『탐구』에 나타난 색채 언어

1) 게임이론의 형성과 다양성으로서의 색채 언어

비트겐슈타인은 『논고』에서 색채 배제의 문제로 고민하다가 우연히 아우구스티누스의 『고백론』(Confession, 제1권 8장)을 읽고, 이런 문제를 해결하는 실마리를 찾았다. 이것이 바로 『탐구』를 쓰게 된 배경이 됐다. 그는 『탐구』의 첫머리(Ⅰ-8)에서 아우구스티누스의 말을 인용했다.

> 나는 사람들이 무엇인가의 이름을 부르면서 그 사물이 있는 방향으로 움직일 때마다 그들이 부르는 이름과 물건을 기억 속에 간직하였고, 그들의 몸의 움직임이나 얼굴 표정, 시선과 몸짓, 발짓을 보면 그들의 의사 표시를 충분히 알아낼 수 있다.'[201]

여기서 비트겐슈타인은 『논고』에서 보여준 논리적 언어 표현은 볼 수 없고, 단지 단어만을 연결하여 사용했는데 의사소통이 가능하다는 것을 알았다. 예를 들면, 목수(A)와 조수(B)가 집을 짓고 있었다. A가 B한테 서까래라고 외쳤더니 B가 이를 알아차리고 A한테 서까래를 넘겨줬다. 또한 A가 서까래 다섯 개라고 외쳤

---

201) 아우구스틴누스, 『고백론』, 박의경 옮김, 타임기획, 2006

더니 B는 서까래 다섯 개를 가져다 줬다.

여기서 주목하는 것은 『논고』에서 보여준 언어의 명제를 통한 논리적 접근(주어-술어의 문장으로 이루어진 명제) 없이 단순한 형태의 단어, 즉 서까래 혹은 다섯 개라고만 외쳤는데 알아들었다는 것이다. 따라서 언어를 이해하는데 논리적 문장(예를 들면 '창고에 있는 서까래 다섯 개를 나한테 갖다줘'와 같은 구체적인 문장을 말함)이 아니어도 명확하게 전달된다는 것을 비트겐슈타인은 터득했다.

2) 실재와 언어 표현과의 차이

비트겐슈타인은 『논고』에서 우리가 실제 장미꽃을 보고 '이 장미는 빨갛다'라고 단정적으로 표현하는 것에 문제가 있다고 보았다.

예를 들면 '이것은 빨갛다' 혹은 '이것은 희다'라고 단정적으로 색채 현상을 확증할 증거는 충분하지 않다. 즉 '이것은 ○○이다'는 색채 인식은 시간, 위치, 밝음과 어둠 등의 주변 환경에 따라, '이것'은 다양한 색채로 표현될 수 있기 때문에 색채의 다양성을 언어라는 게임으로 대체하여 생각할 수 있다. 예를 들면 '장미는 불그스레하다'든가 '장미는 분홍빛을 띤 빨강이다' 등과 같은 표현을 말한다.

따라서 비트겐슈타인은 하나의 명제가 사실의 그림이 됨으로써 의미를 갖게 된다는 생각 대신에, 우리가 사용하는 언어가 세계에 대해 의미 있게 말할 수 있게 된 배경에는 세계의 다양한 현상을 언어라는 도구를 수단으로 의미를 전달하고, 이를 다음[202]과 같이 발전시키는데 있다고 봤다.

> 상(像)[203]의 요소가 특정한 형식으로 서로 연관되어 있음은 사물도 그와 같이 서로 연관되어 있음을 나타낸다.(2.15)

---

202) 루트비히 비트겐슈타인, 『논리철학논고/철학탐구/반철학적 단상』, op cit., pp.37-38
203) Ibid., p.37 여기서 상(像)을 '사실을 그린 것 또는 사실을 모사(模寫)하는 것'으로 표현했다.

상은 이렇게 현실과 연결되어 있다. 상은 현실에까지 도달한다.(2.1511)
상은 자(길이를 재는 도구)처럼 현실에 대어 있다.(2.1512)
양끝 눈금선 가장자리만이 측정되어야 할 대상에 접해 있다.(2.15121)

위의 마지막 명제(2.15121), 즉 '양끝 눈금선 가장자리만이 측정되어야 할 대상에 접해 있다.'에서, 이를 다음과 같이 해석할 수 있다.[204] 어떤 물건을 자로 잴 때, 그 물건의 처음과 끝의 숫자를 읽는 것이 일반적이다. 예를 들면 연필을 자로 재어 10cm라고 한다면 자의 0의 숫자와 끝의 10의 숫자만을 읽어, '연필은 10cm이다'라는 사실을 알게 된다.

여기서 연필의 끝부분인 10이라는 숫자만을 기억해서 연필의 길이가 5cm나 7cm 혹은 12cm나 13cm가 아니라는 사실은 자명하다. 또한 10이라는 끝부분만 잰 것이 아니라 실제는 0cm부터 10cm까지, 이 사이에 있는 전체의 수를 동시에 잰 것이나 다름없다. 하지만 자로 길이를 잴 때, 마지막 10cm만 인식하여 실재와 실재에 대한 언어 표현과의 차이를 보여주고 있다.

비트겐슈타인의 색채 현상도 위와 같은 '자의 논리'로 생각해 볼 수 있다. 예를 들면 노란색(10cm)을 볼 때, 그 노란색이 파란색(5cm)도 아니고 빨간색(13cm)도 아니라는 사실이다. 즉 하나의 색채(노란색)를 인식할 때, 주변의 색채 전체(0cm-13cm)를 인식한 단계에서 노란색(10cm)이라고 단정짓게 된다. 이것이 우리가 인식하는 하나의 색(10cm)에 두 가지 색(노란색=5cm 혹은 빨간색=13cm)이 존재할 수 없는 이유, 즉 10cm≠5cm, 10cm≠13cm라는 것이다. 결국 색채 배제라는 문제를 낳게 되었다. 색채 배제의 문제는 비트겐슈타인 스스로 『논고』의 논리적 구조에 대한 반성으로 보인다.

이와같이 언어게임은 세계에 대한 이해에서 하나의 사물이 하나의 언어만을

---

[204] 박병철, 『비트겐슈타인 철학으로의 초대』, 필로소픽, 2014, pp.158-159

갖는 독립적 의미를 넘는 단계로 발전하는 계기를 만들었다. 앞서 논한 '이것은 빨갛다'라는 색채 언어에서 '빨갛다'라는 언어 만을 떼어내서 알게 되는 것이 아니라 다른 색채 언어(노랗다 혹은 파랗다 등)를 통해서 빨갛다라는 것을 알게 되었다. 세계와 언어 사이에는 다양한 관계를 갖게 되는데, 이를 비트겐슈타인은 문법이라는 개념으로 확대하여 전개시켰다.

3) 색채 문법과 색채의 상호 관계성

비트겐슈타인은 단일한 명제로 세계를 기술하는 것은 불가능하다고 봤다. 언어와 세계 사이에는 다양한 논리가 존재한다는 입장으로 전환됐다. 여기서 다양한 논리는 바로 문법을 의미한다. 물론 여기에서 말하는 문법은 언어학에서 통상적으로 사용하는 의미의 문법(어법)이 아니라 색채에는 색채 문법이 있고, 음에는 음의 문법이 있다는 것을 의미한다. 예를 들면, '이 색깔은 저 색깔보다 반음이 높다.'라는 문장과 같은 것이다.[205]

여기서 색채가 나타나는 의미와 음(소리)에서 나타나는 의미가 서로 다르기 때문에 두 요소를 비교하는 것은 무의미하다. 하나의 대상을 언어로 표현할 때, 색과 음을 구분하여 따로 표현하지 않고, 색=음이라고 표현하기에는 무리(색≠음)가 있다고 비트겐슈타인은 생각했다.

따라서 비트겐슈타인은 『논고』에서 하나의 세계가 하나의 언어로 단정 짓는 것 이상의 의미로서 문법의 개념을 도입했다. 이와같은 인식의 전환에는 색채라는 언어가 있었고 색채 문법과 연관지어 생각할 수 있다.

비트겐슈타인의 색채 문법은 '프리즘을 통과한 빛이 일곱 가지 색을 만들어낸다.'는 뉴턴의 인식에 대한 부정으로 볼 수 있다. 다시 말하면 뉴턴의 색채이론으

---

[205] 루트비히 비트겐슈타인, 『논리철학논고/철학탐구/반철학적 단상』, op cit., p.161

로는 우리 주변에서 다양하게 경험하는 색채 현상을 언어로 제대로 표현하지 못한다는 사실이다. 이를 다음 표를 통해서 알아보겠다.

뉴턴의 일곱 가지 색상표

일곱 가지 색							
빨강	주황	노랑	초록	파랑	남색	보라	

위의 표에서 '주황은 빨강과 노랑 사이에 있다'라는 표현은 맞는 말이다. 하지만 '노랑은 빨강과 초록 사이에 있다'는 표현은 맞는 것인가이다. 노랑이외에 주황도 있기 때문이다. 이를 좀 더 구체적으로 보면 빨강과 노랑을 섞으면 주황이 되지만 빨강과 초록을 섞으면 주황이나 노랑이 되지 않기 때문이다.

이러한 색채 문제는 색채를 언어적으로 표현이 가능한 것(결과의 의미=논리적으로 가능 혹은 문법적으로 가능)과 실제 색채의 물리적 현상과는 맞지 않는 것(단순한 구성적 의미=논리적으로 불가능 혹은 색채 문법적으로 불가능)과의 차이에서, 사실에 대한 현상을 색채라는 언어로 표현하기에는 한계 많다. 즉 논리를 넘어 문법의 다양성을 인정하지만, 이것만으로는 표현의 한계가 있다고 지적하면서 물리적 현상에 대한 가능성도 인정해야만 했다.

이와같이 비트겐슈타인은 하나의 색채가 문장구조 안에서 어떻게 쓰이는지, 즉 어디에 놓이는지에 따라서 색채가 갖는 의미는 다르고, 또한 색채가 사실에 대한 표현이 다양하다는 것을 알 수 있다. 예를 들어 '이제 하나의 표현이 어떠한 의미를 가지게 되는지를 알기 위해서는, 그 표현이 어떤 문장에서 사용되고 있는가에 주목해야하기 때문이다.'라는 주장과 같다.[206] 이는 문장 안에서 색채가 의미있도록 해주는 규칙, 즉 문법을 정하는 기준이 되고 있음을 알 수 있다.

---

[206] 박병철, 『비트겐슈타인 철학으로의 초대』, op cit., p.167

4) 색채의 현상학적 인식과 언어 표현의 다양성

현상학적 인식

비트겐슈타인은 세계에서 일어나는 일들(현상들)을 언어로 재현하는데 논리라는 방법을 도입했으나, 여기에 문제가 있음을 발견하고, 이를 보완하여 발전시킨 것이 문법이었다. 하지만 문법도 현상을 설명하기에는 부족하다고 생각하여 현상학적 접근에 관심을 갖고 새로운 구상을 찾고자 했다. 이것은 우리 주변에서 일어나는 현상을 직접 탐구하여 현상을 있는 그대로 그려낼 수 있는 현상학적 재현 방식을 말한다.

비트겐슈타인이 시도하는 현상학은 물리학적인 접근과는 다른 차원의 접근이지만 기본적으로 색채 문법과 유사한 면을 갖고 있다. 앞의 색채 언어에 대한 기술에서 '~사이에 위치한다'와 '~된다'는 표현은 물리학적으로 일부의 특정한 모습을 보여주는 대신, 현상학은 언어적 설명보다는 현상에 대한 기술, 즉 앞서 예로 든 '주황과 노랑은 빨강 사이에 있다'는 표현은 문법적으로 맞지만 '빨강과 초록을 섞으면 주황이나 노랑이 되지 않는다'는 표현과 같은 것을 말한다. 다시 말하면 앞의 문장은 맞고 뒤의 문장은 틀리다는 것이다. 여기서 문법적 성격을 드러낼 수 있는 가능성을 보여줬다.

비트겐슈타인은 현상학적 모습을 통해서 문법을 이해하고, 결국은 언어의 본질을 이해할 수 있다고 보았다. 즉 언어의 본질을 이해한다면 세계 역시 이해할 수 있다는 생각이다. 세계를 표현하는데 언어가 절대적으로 필요하지만 언어로 표현하기 어려운 현상학적 문제는 그대로 놔두고, 언어의 표현에서 문법적 혼란만을 제거하여 결과를 도출하면 된다는 것이, 비트겐슈타인의 생각이었다.

이와같은 접근은 현상학적 접근이지 현상학 자체를 논하는 것과는 거리가 멀다. 이런 측면에서 비트겐슈타인이 '현상학은 문법이다'[207]는 의미 있는 논리를 폈다. 결국 『논고』에서 시작된 언어와 세계와의 관계에 대한 비트겐슈타인의 고민은 논리에서 출발하여 색채 문법에 이르고, 현상학적 문제로까지 확장됐다. 이런 과정에서 색채 현상을 언어로 인식하는데 한몫했다.

언어게임에서 내적 외적 관계

어떤 언어게임이 있다. 예를 들면 어떤 물체가 다른 물체보다 밝다든가 어둡다든가에 관한 이야기이다. 그런데 이것과 유사한 또 다른 언어게임이 있다. 특정한 색의 밝기에 관해서 논하는 것이다. (2개의 막대기의 길고 짧은 관계를 규정하는 것과 2개의 숫자의 관계를 규정하는 것은 2개의 언어게임과 대비되는 것이 가능하다.) 2개의 언어게임에서 명제 형식은 'X는 Y보다 밝다'라는 형식이다. 그러나 전자(2개의 막대기)는 X와 Y와의 관계가 외적 관계이고, 그 명제는 시간적인 것에 반해, 후자(2개의 숫자)는 X와 Y와의 관계가 내적 관계이고, 그 명제는 무시간적인 것이다.[208]

비트겐슈타인은 'X는 Y보다 밝다'라는 표현에서 X와 Y는 전혀 다른 관계로 나타나는 경우가 있는데, 이것이 바로 내적 혹은 외적이라고 하는 구별로, 외적 관계를 자연과학적 법칙에 의한 경험적 관계로 본다면, 내적 관계는 개념적 관계로 볼 수 있다.

비트겐슈타인은 『탐구』이후 내적 관계 대신에 문법이라는 언어를 사용하여 전개했다. 이는 색채 현상에서 하나의 색채가 단독으로 성립되지 않고, 다른 색채와의 내적 혹은 본질적인 관계로 성립됨을 의미한다.

---

[207] Ibid., p.174
[208] ウィトゲンシュタイン, ルードヴィッヒ, 『色彩について』, op cit., p.11
　　이 인용문(Ⅰ-1)은 Ⅲ-131에도 반복되어 있다.) 여기서 언어게임이라는 용어는 언어놀이(이영철 등)로 번역되는 경우도 있지만, 게임이라는 용어가 더 익숙하게 쓰이고 있어, 원어에 가깝게 사용하고자 한다.

비트겐슈타인은 사람 사이의 의사소통, 즉 단어만을 사용하여 소통하는 언어게임에 비유하여 체계화했다. 이것은 A와 B사이에 단순한 대화가 이루어지더라도 A와 B가 사물들의 사실 관계(앞서 예로 든 교통사고에 대한 모형이나 건축물의 모형에서 볼 수 있는 다양한 구성 요소들과의 관계를 말함)를 이미 인지하고 있는 상태여야만 사실 관계의 전체적인 틀을 이해할 수 있다. 케니(A. Kenny)는 사물들의 사실 관계를 다음과 같이 표현했다.

> 배를 부두에 매는 것은 로프이며, 로프는 섬유로 이루어져 있다. 그러나 그것은 한쪽 끝에서 다른 쪽 끝으로 뻗은 섬유로서가 아니라 중첩된 섬유들이 매우 많다는 사실로부터 힘을 받는다.[209]

여기서 로프가 힘을 받는 것은 로프가 아니라 실제 로프를 만드는 요소들, 즉 섬유들의 집합을 통하여 힘을 받고 있다는 사실(힘≠로프)이 아니라 힘=섬유들의 집합이라는 사실에 관심을 가졌다. 사실의 관계를 언어로 전달하는 과정에서 사실이 갖는 의미를 명료하게 전달하기 위해서 좀 더 명확한 접근이 필요한 것을 알 수 있다. 뭉크(R.Monk)는 『탐구』(122)에서, 다음과 같이 해석한다.

> 우리가 이해하지 못한 주원인은 우리 자신이 사용하는 방식을 명료하게 파악하지 못한데 있다. (생략) 우리가 관련성을 봄으로써 이루어지는 바로 그런 이해는 명석한 표현의 산물이다. 그렇기 때문에 중간 단계의 사례를 찾아내고 만들어내는 것이 중요하다. 명석한 표현이라는 개념은 우리에게 근본적으로 중요하다. 그것은 우리가 하는 설명의 형태 표시이며 사물을 보는 방식이다.[210]

비트겐슈타인의 '명석한 표현'은 괴테의 식물의 변형(metamorphosis of plants)

---

209) 앤서니 케니, 『비트겐슈타인』, 김보현 역, 철학과 현실사, 1973, pp.105-107
210) 레이 뭉크, 『How to Read 비트겐슈타인』, 김경화 옮김, 웅진지식하우스, 2005, pp. 105-107

에서 영향을 받은 것으로 보인다.

> 살아있는 형태 그대로를 인식하고, 그것들이 놓여 있는 가시적이고 만져볼 수 있는 부분의 맥락 위에서 파악하며, 뭔가 그 속에 있는 어떤 성질의 표현 형태로 인식하고자 하는 것이다.[211]

괴테는 식물의 성장과정에서 볼 수 있는 다양한 변화를 언어 사용과 비유하여 설명했다. 이는 식물이 성장하는 과정에서 빛, 토양, 물, 공기 등의 환경에 따라서 다양한 형태를 만들어 내듯이 언어도 사용하는 시간이나 장소 그리고 사람의 감정에 따라서 다양하게 변형되어 사용되고 있다는 점이다.

> 내가 말하는 것은 표현의 용도에 관한 형태학이다. (생략) 여기에서 우리의 생각은 괴테가 식물의 변형에서 표현한 관점과 일치한다. (생략) 우리는 환경 속에 있는 언어의 한 가지 형태를 수집하고, 상상 속에서 그것을 변형시켜 우리의 언어 구조가 존재하게 되는 전체 공간을 조망하려 한다.'[212]

비트겐슈타인은 『탐구』에서, '우리의 언어는 하나의 고대 도시와 같다. 거기에는 수많은 작은 골목길과 광장, 오래된 건물과 새로운 건물, 그리고 여러 시대를 걸쳐 증축되어진 건물들, 똑바르고 규칙적인 거리와 통일된 형태의 집들로 둘러싸인 도시와 같다.'[213]고 기술했다. 이는 도시의 전체상이나 앞서 논한 건축의 전체상이 식물 변형의 맥락과 같아 보인다.

이와같이 로프나 건축, 그리고 도시라는 각 언어도 여기에 함축되어 있는 다양한 사실들의 관계를 통해서 이해할 수 있다. 예를 들면 로프는 다양한 섬유 요소

---

[211] Ibid., p.106
[212] Ibid., p.107
[213] 루트비히 비트겐슈타인, 『철학적 탐구』, 이승종 옮김, 아카넷, 2016, p.44-45

들로 집합되어 있고, 건축은 돌, 철, 콘크리트, 나무 등이 다양한 요소들의 집합으로 이루어져 있다. 또한 도시는 건축물, 도로, 광장, 가로등, 하천, 공원 등의 다양한 요소의 집합으로 이루어져 있다.

이와같이 사실을 구성하는 요소들의 상호관련성, 즉 로프나 건축, 그리고 도시라는 언어에 함축되어 있는 내적 요소들을 구성하는 구체적인 인자, 즉 앞서 예로 든 섬유, 돌, 나무 등의 내적 요소 전체를 구성하는 틀 안에서 상호 관련성을 보아야 하는 것이 『탐구』의 논리라고 할 수 있다. 다시 말하면 『탐구』에서 보여준 논리는 『논리』의 명제에서 보여준 실제 대상과 이름과의 단순한 일치성과는 근본적으로 다른 언어의 다양성에 있다.

하나 언어의 단순성과 다양성

앞에서 『탐구』를 쓰게 된 배경과 언어 사용의 다양성을 살펴봤다. 이것은 우리 주변에서 일어나는 일상생활이 다양하고 복잡하기 때문에, 『논고』에서처럼 단순 명제로 표현하기에는 한계가 있다. 그렇다면 언어의 다양성이 색채 언어에서는 어떻게 쓰이고 있는지 살펴보자.

어떤 화가가 저녁노을을 보고 화폭에 빨간색을 칠할 때, 저녁노을은 빨간색으로 대체될 수 있다. 이때 빨간색은 저녁노을이라는 관계(빨간색=저녁노을)로 성립된다. 이와같이 하나의 대상이 하나의 단어로 대체될 때, 이를 그림이론으로 봤다. 그런데 하나의 대상(저녁노을)이 하나의 언어(빨간색)로 표현된 사실, 즉 시각적으로 경험한 세계가 빨간색이라는 언어로 대체되었다고 해서 빨간색이라는 언어가 저녁노을만을 가리키지 않는다.

따라서 『탐구』에서의 언어는 하나의 의미에 머무르지 않고 다양하게 쓰이고 있는 것을 알 수 있다. 좀 더 구체적으로 예를 들어보면, 빨간색은 저녁노을뿐만 아니라 불(火)이 될 수도 있고 피(血)가 될 수도 있다.

『논고』에 따르면, '빨간색=저녁노을'이라는 표현은 맞는데, 『탐구』에 따르면 틀

린 표현(불 혹은 피≠빨간색)이 된다. 왜냐하면 어떤 대상을 표현하는 색으로 '이것은 빨갛다'라고 단정 짓기에는 한계가 많다는 사실이다. 실제 상황이나 대상이 다양한 변화(시간, 장소, 주변환경 등)에 따라, 우리 눈에는 빨간색이 다르게 보이기 때문이다. 즉 빨간색≠저녁노을이라고 말할 수 없다.

　우리가 본 대상에 대한 빨갛다라는 표현이 좀 더 명확하게 쓰이고 있는가에 대한 반성이다. 왜냐하면 빨갛다라고 단정 짓기보다는 엷은 빨간색이라든가 밝은 빨간색 등으로 표현할 수도 있고, 불그스레하다고 표현할 수 있기 때문이다.

　이것은 언어의 다양한 쓰임이나 기능들이 배제되어 나타난 문제로밖에 볼 수 없다. 이런 한계를 극복하기 위해서 『탐구』에서는 하나의 사실(저녁노을)이 하나의 언어(빨간색)로 표현될 때 언어의 의미를 갖게 된다는 『논고』의 주장을 수정하여, 언어는 그것이 사용되는 상황에 따라 달라진다는 것, 즉 다양하게 쓰인다는 사실을 알 수 있다.

　앞의 저녁노을은 화가의 개인적 경험에 의해 빨간색으로 대체되었지만 흰 종이에 붉은 사각형을 그려놓고 이에 대해 물어보면 다양한 답변을 얻을 수도 있다. 예를 들면 빨간색은 혁명이나 투쟁, 그리고 국기 등을 연상할 수 있다. 이와 같이, 같은 빨간색이라고 할지라도 사람에 따라서 빨간색이라는 언어의 쓰임(사용)이 다르기 때문에, 그 언어에는 다양성이 있다.

　필자가 고등학교 때, 역사 교사의 대학 은사[214]와 필자의 이름이 한자(崔在錫)까지 똑같다는 것만으로, 은사 최재석과 필자 최재석은 아날로지적 인식이었다. 실제 이 둘 사이의 이름이외에 나이, 전공, 태어난 곳, 자란 환경 등 같은 점이 하나도 없다(최재석≠최재석)는 사실이다. 이상과 같이 『논고』에서 어떤 대상이 언어로 대체되어 의미를 전달하는 과정에서 언어가 갖는 단순성이 『탐구』에서는 그

---

214) 최재석(崔在錫, 1926~2016)은 서울대학교를 졸업하고 고려대학교 사회학과 교수를 역임한 저명한 사회학자이다. 주요 연구로 『한국 사회사 탐구』, 『한국의 가족과 사회』, 『고대 한일관계사 연구』 등이 있다.

언어의 쓰임에 따라 다양하게 전환되는 것을 알 수 있다.

이런 배경에는 전적으로 언어의 사용에서 색채 배제의 문제가 발생하여, 이를 해결하는 과정에서 등장했다. 따라서 색채 언어는 『탐구』를 쓰게 되는 배경이 되었고, 이어서 『색채』로 발전했다.

04. 『색채에 관한 소견들』에 나타난 색채 언어

1) 괴테 『색채론』의 영향

비트겐슈타인은 수학과 공학을 전공하고 철학자가 되어 자신의 철학 세계를 굳혔지만, 말년에 괴테의 자연철학적 관점에 심취했다. 그는 자신이 세웠던 초기의 명제에 대한 논리적 모순을 발견하면서 새로운 해법을 찾고자 했다. 이런 비트겐슈타인의 고민을 일깨운 계기는, 바로 괴테의 『색채론』이었다. 비트겐슈타인이 괴테의 『색채론』에 관심을 갖게 된 시기는 말기 암(癌)으로 치료를 받고 있던 때였다. 이런 열악한 환경에서도 비트겐슈타인은 괴테의 『색채론』을 탐독하여 색채에 관한 많은 생각을 메모로 남겼다.

제자 앤스콤은 비트겐슈타인이 남긴 메모를 1, 2, 3부로 분류하여 재구성, 편집했다. 『색채에 관한 소견들』(이하 『색채』)의 편집 순서를 보면 3부가 가장 먼저 정리되고(1950.3), 1년 뒤에 1부(1951.3)가 마무리되었다. 1부는 완전히 새로운 것이 아니라 3부에서 발췌하여 재정리한 것이다. 1부의 내용이 3부에 유사하게 반복, 기술되어 있다. 다만 2부가 3부보다 먼저 쓰였는지 나중에 쓰였는지 확실하지 않다.

비트겐슈타인이 괴테의 『색채론』을 투병 중에도 관심을 가진 것은, 다음의 회고에서 알 수 있다.

> 색깔들은 철학함에 이르도록 나를 자극하였다. 아마도 이것이 색채론에 대한 괴테의 열정을 말해 줄 것이다.[215]

이와같이 비트겐슈타인은 괴테의 『색채론』을 반복하여 읽고 언어에 대한 논리를 색채의 현상학적 문제로 풀려고 했다. 괴테의 영향은 비트겐슈타인이 지은 『색채』에 그대로 반영되어 있다. 비트겐슈타인의 논문인 『색채』에, 괴테의 이름이 자주 등장한 사실만을 보아도[216], 비트겐슈타인의 『색채』는, 오직 괴테의 『색채론』을 읽고 그 영향을 받아 집필했다고 해도 과언이 아니다.

2) 색채 언어와 현상학적 인식

비트겐슈타인의 언어 사용에서 가장 큰 변화는 단순 명제에서 명제의 다양성으로 전환되었다는 점이다. 예를 들면 『논고』에서 색채 배제의 필요성을 느끼고, 이를 발전시킨 것이 『탐구』였다. 하지만 언어 사용에서 계속되는 비트겐슈타인의 고민은 언어가 제대로 사용되고 있는가였다. 하지만 비트겐슈타인은 괴테의 『색채론』을 접하면서 언어를 현상학적 문제로 확장하여 다양한 접근을 시도했다. 특히 비트겐슈타인은 '색채는 눈의 감각에 관한 합법칙적 자연이다.'라든가 '자연은 색채 안에서 스스로의 모습을 드러내고 있다.' 등과 같은 괴테의 언어에서, 색채 현상을 재인식했다.

---

[215] 비트겐슈타인, 『문화와 가치』, op cit., p.143에서 재인용
[216] 비트겐슈타인의 『색채에 관한 소견들』(Ⅰ-6회, Ⅱ-1회, Ⅲ-13회)에 괴테의 이름이 20회 정도 등장한다.

현상학은 존재하지 않지만, 현상학적 문제들은 존재한다. (III-248)[217]

비트겐슈타인은 색채 변화를 물리적 변화가 아닌 하나의 현상학적 문제로 접근했다. 이에 대해, 이영철은 『색채』의 「주 해석」에서, 괴테의 색채론 관찰에 비트겐슈타인은 '결코 생리학적 색채론이 아닌 심리학적 색채론'이라고 지적했다. 이는 현상의 인식에 대한 개념으로 보인다.[218]

우리는 색채론(생리학적이거나 심리학적인)을 발견하려고 하는 것이 아니라, 색채 개념들의 논리를 발견하려고 한다.[219]

이러한 현상학적 개념은 인간과 대상과의 사이에서 발생하는 것으로, 빛과 대상, 지각하는 사람과 대상과의 상호작용, 그리고 생태학적 자연으로부터 색채가 현상되는 것을 언어로 표현하는 것을 말한다. 이와같이 괴테의 현상학적 색채 인식은 뉴턴이 주장한 프리즘에 의한 빛의 분리로부터 색채가 생성된다는 기계론적 색채론에 대한 부정으로 볼 수 있다. 비트겐슈타인은 색채에 대한 언급은 그의 초기 논문에 잘 나타나 있다.

하나의 파란색과 어떤 파란색과는 보다 밝다든가 어둡다든가 하는 내적 관계에 있다. 이것들의 두 대상이 서로 관계가 없다고 하는 것은 사고 불가능성이다.(4.123)[220]

비트겐슈타인은 『논고』의 주요 대상인 단순 명제에서, '장미는 빨갛다'라는 명

---

217) 비트겐슈타인,『색채에 관한 소견들』, op cit., p. 250
218) Ibid., p.40
219) Ibid., p.19
220) 루트비히 비트겐슈타인,『논리철학논고/철학탐구/반철학적 단상』, op cit., p. 60
 (이 인용문은 저자 나름대로 일부 수정했다.)

제가 모순을 갖고 있다고 인식하고, 이를 다양성을 갖는 복합 명제로 확장시켰다. 하지만 그는 '이 장미는 빨갛고 노랗다'라는 언어 표현에 문제가 있다는 것을 발견했다. 이런 색채 배제의 문제로 고민하던 비트겐슈타인은 괴테의 『색채론』을 접하고 색채 언어의 현상학적 인식으로 발전했다.

> 한 장의 흰 종이가 있는데, 이 흰 종이의 밝기는 하늘로 인하여 정해진다. 이러한 인상은 하늘이 종이보다 밝다는 것이다. 하지만 다른 의미에서 보면 하늘이 종이보다 검고, 종이는 오히려 밝은색을 띠고 있다. 팔레트 위에서 흰색은 가장 밝은 색이다.(Ⅰ-2)[221]

여기서 비트겐슈타인은 '하늘이 가장 밝다'라는 명제에서 과연 '하늘이 가장 밝다'라고 말할 수 있는 근거는 무엇인가에 의문을 가졌다. 더불어 하늘보다는 오히려 캔버스나 팔레트에 있는 흰색이 하늘보다 더 밝게 보이는데, 어째서 하늘이 더 밝다고 할 수 있는가에 의문을 제기했다. 비트겐슈타인은 중기 이후, 색채의 현상학적 인식은 다음의 명제에서도 알 수 있다.

> 괴테의 생각과 같은 사람은 괴테가 색채의 본성을 정확하게 인식하고 있다고 생각한다. 여기서 본성이라고 하는 것은 실험으로부터 판명되는 것이 아니라 색채 개념 안에 포함되어있는 것이다. (Ⅰ-71)[222]

이와같이 비트겐슈타인은 언어 사용에 많은 문제가 있다는 사실을 알게 됐다. 특히 '파랑 같은 녹색'이라든가 '빨강 같은 녹색'이라는 색채 언어의 사용이 가능한가에 대한 의문을 갖게 됐다. 비트겐슈타인은 이런 복잡한 색채 언어를 현상학적 문제로 접근했으나 실제는 사용 불가능한 색채 언어였다. 따라서 비트겐

---

[221] 비트겐슈타인, 『색채에 관한 소견들』, op cit., p.12
[222] Ibid., p.31

슈타인은 기존의 물리적, 경험적 색채이론과 달리 현상학적 측면에서 색채를 고려했다.[223]

비트겐슈타인은 괴테가 '색채는 자연 안에서 스스로 나타나는 현상'이라고 정의했던 의미를 되새기며, 그동안 색채 언어를 그림이론과 언어게임, 그리고 문법 등으로 해석했으나, 이런 개념들을 수정하여 색채를 현상학적 언어게임으로 발전시켰다.

---

[223] 일본 학계에서 비트겐슈타인의 색채 현상학은 무라다 준이치(村田純一)에 의해서 체계적으로 연구가 진행됐다. 그는 저서 『色彩の哲学』(岩波書店, 2002)과 두 편의 논문, 「色彩の多次元性 -ゲーテとヴィトゲンシュタイン-」(ゲーテと自然科学, 2001(23))과 「色彩の多次元性 (生態學的現象學への試み」(思想(NO.970), 岩波書店, 2005.2)을 발표했다. 여기서 그는 비트겐슈타인의 색채 언어를 다차원성으로 분석하고, 특히 색채의 생태학적 현상에도 관심을 가졌다.

> **마무리**

　초기 『논고』의 그림이론이나 후기 『탐구』의 게임이론에 자주 등장하는 것이 색채 언어였고, 초기 이론에서 후기 이론으로 전환하게 만든 계기도, 역시 색채 언어였다. 그만큼 비트겐슈타인 철학에서 색채 언어는 논리적 전개에서 중요한 위치를 차지하고 있다. 말년에 비트겐슈타인은 초기와 후기의 이론에서 탈피하여 색채 언어 자체에 머무르지 않고, 색채의 현상학적 인식에도 관심을 가졌다. 비트겐슈타인의 이런 변화에는 괴테의 『색채론』이 자리 잡고 있다. 비트겐슈타인은 암투병 중에도 괴테의 『색채론』을 탐독하고, 그 영향으로 『색채』라는 제목으로 앤스콤에 의해서 편집, 간행되였다.

　비트겐슈타인은 언어 철학을 정립하는데 있어 색채 언어를 도입하고, 색채 언어의 인식으로 언어 사용에 문제가 있다는 것을 발견했다. 따라서 초기의 논문을 수정하여 새로운 이론을 전개하게 만든 것도 역시 색채 언어였다.

　비트겐슈타인은 우리가 사용하고 있는 언어가 어떤 대상을 표현할 때, 그 표현이 과연 정확한가에 대한 의문을 지속적으로 품고 있었다. 비트겐슈타인은 『논고』(7)의 마지막에, '말할 수 없는 것에 대해서는 침묵해야 한다.'[224]라는 유명한 말을 남겼다. 이런 인식과 관련하여 앞에서 몇 가지 사례를 들었지만, 특히 비트겐슈타인은 색채라는 언어를 도구로 하여, 언어 표현의 다양성과 동시에 색채 사용에서 언어로 표현하기 어려운 부분, 즉 모순을 갖는 언어, 그리고 의미가 전달되지 않는 언어 등이 의외로 많다는 것을 색채라는 언어를 사용하여 풀려고 했다.

　이와같이 『논고』에서는 '언어와 세계의 연결 고리를 찾는 것'이 주제가 되었고, 『탐구』에서는 '일상생활에서 언어의 쓰임'이 주제가 되었다. '언어와 세계의 연결 고리를 찾는 것'이 언어의 그림이론이었으나, 이를 스스로 부정하여 새로운 주제에 접

---

[224] 루트비히 비트겐슈타인, 『논리철학논고/철학탐구/반철학적 단상』, op cit., p.114

하게 되는데, 이것이 '일상생활에서 언어가 어떻게 쓰이고 있는가'에 대한 것, 즉 언어의 게임이론이었다.

이러한 전환의 배경에는 색채 언어의 사용에서 사고 불가능성, 즉 색채 배제의 문제였다. 이것은 『논고』에서 『탐구』로 이행되는 결정적인 계기를 만들었다. 비트겐슈타인은 말년에 그것도 말기 암투병중임에도 괴테의 『색채론』에 심취하여, 당시까지 언어 사용에 대한 논리적 모순을 극복하고자 색채 사용을 통한 다양한 측면, 즉 현상학적 측면에서 언어 사용의 다양성을 색채 언어의 분석을 통하여 언어 사용의 명확성을 찾으려 했다. 지금까지 분석한 비트겐슈타인의 언어 사용에 대한 개념적 변화를 정리하면 다음과 같다.

비트겐슈타인의 저서에 나타난 색채 언어의 비교 분석

구분	『논리』와 색채 언어	『탐구』와 색채 언어	『색채』와 색채 언어
주제	언어와 사실과의 관계	일상생활에서 언어의 쓰임(사용)에 대한 관심	자연현상과 언어 표현
이론	언어의 그림이론	언어의 게임이론	언어 사용에서 현상학적 인식
계기	▸형이상학적 이론에 대한 회의 ▸실제 현상을 모형으로 재현	▸아우구스티누스의 『고백론』을 접함 ▸실제 전장(戰場)에서의 경험	▸괴테의 『색채론』 탐독
내용	사물보다는 사실에 대한 이해	언어 표현에 대한 명확성과 단어를 사용하는 방식(문법)	자연현상에서 색채 언어의 다양성
관계 (예)	요소명제의 일치성 (상호독립성) : A(사실) = B(언어) : 장미는 빨갛다. (장미=빨갛다)	요소명제의 상호관련성 : 불일치성 : A(사실)≠B(언어) : 장미는 빨갛지만은 않다. (장미≠빨갛다)	현상의 가능성에 대한 이해: 다양성 : A(사실) ∞ B(언어) : 장미는 빨갛다라고 말할 수 있는가 (장미는 빨간 것인가)
색채	색채 언어와 그림이론의 일치성	색채 배제의 문제 인식에서 색채와 언어가 불일치	색채 언어의 현상학적 인식

맺음말

칸트는 『순수이성비판』에서 색채를 감각의 단순한 성질로 간주하고 미감적 경험을 갖는 대상으로 보지 않았다. 하지만 『판단력비판』에서 색채는 미감적 경험을 갖는 대상으로 인정받기 위해서는 조건이 필요했다. 따라서 색채는 미의 자율성에서 벗어나 있어 색채 그 자체가 감관을 자극하고 자유롭게 유동하는 경우에 미감적 판단으로 인식할 수 있다는 점이다.

색채는 자연 그 자체의 감각으로부터 주관적이 아니라 객관적으로 판단할 수 있는 계기가 되고, 또한 다양성의 통일, 공통감각, 상징성, 도덕성, 합목적성, 그리고 전달 가능성의 개념으로 인식됐다. 예를 들면, 초원의 녹색을 쾌적한 색채라고 하는 것과 같다. 하지만, 이런 개념들은 색채를 논하는 과정에서 명확하게 구분짓지 못하고 서로 중복—신체 감각과 구상력, 공통감각과 전달 가능성내지는 합목적성, 지적 관심과 도덕성 그리고 상징성 등—되어 표현되고 있다.

이런 칸트의 색채 인식은 괴테의 『색채론』을 탄생시키는 배경이 되고, 뉴턴의 색채이론을 반성하게 만들었다. 특히 괴테는 뉴턴의 색채이론이 잘못됐다는 것을 증명하기 위해 평생을 바쳤다. 이런 괴테의 수고는 많은 철학자들로 하여금 색채를 단순히 시각적 대상 이상의 능력을 키우는 계기를 만들었다.

괴테는 칸트의 인식 문제 이외에, 빙켈만으로부터 고대예술에 대한 탁월한 해석, 하만과 레싱으로부터 언어의 발생적 기원, 그리고 헤르더로부터 민족이나 문화의 독자적인 가치를 지닌 개체성 이념 등으로부터 영향을 받았다. 이와같이 괴테는 철학자의 이념을 끈기 있게 이해하려 했다. 괴테는 이런 학습 배경에서 색채 생성에도 관심을 갖게 되고, 이를 언어로 기술하고자 했다.

괴테의 영향을 많이 받은 헤겔은 모든 존재는 본질을 갖는데 그 본질의 현상들을 관찰할 때만이 그 본질에 더 가까이 갈 수 있다고 봤다. 왜냐하면 우리가 보고 있는 모든 유형의 사물은 그 사물의 본질을 보고 있다기보다 그 본질의 외면, 즉 사물의 외면적 현상만을 보고 있기 때문이라고 헤겔은 생각했다.

따라서 사물의 본질을 이해하기 위해서는 사물의 안, 즉 사물의 내적 작용으로 인한 외면화 현상에 관심을 둘 필요가 있었다. 헤겔은 색채도 이와같은 인식으로 판단했다. 헤겔은 『정신현상학』에서 의식으로 인한 분화, 분리, 대립의 이원론적 양극성을 극복하고 이들 대립적 요소들이 통합하고 융화하는 이중적 현상의 결과로서 색채를 인식했다.

또한 헤겔은 「자연철학」에서 빛을 행위자로서, 빛과 이것의 대립적 위치에 있는 어둠과의 상호작용, 즉 두 요소의 대립을 지양하는 대신 통합하고 결합시켜, 두 요소의 경계선상 내지 양극단 사이에 색채가 발현되는 것으로 봤다. 이것은 빛으로 인한 외면적 현상과 외면적 현상 뒤에 가려진 새로운 차원의 현상, 즉 내면의 외면화 현상으로 인한 색채 인식을 말한다.

헤겔은 '빛은 공기에 대응하며 물체의 어둠 안에서 특수화하고 개체적인 흐릿함으로 생성되는 것이 색채이다.'라고 논한 바 있다. 이런 차원에서 보면 괴테로부터 새롭게 인식한 색채 생성의 과정이 헤겔로 인해서 더욱 사유화되고 자연현상에 대한 인식을 재고하도록 했다.

쇼펜하우어는 당시까지 색채를 감각적 내지 물리적인 측면으로 규정하려는 의도에서 벗어나 좀 더 구체적으로 눈이라는 매개체의 구상력, 즉 신체의 일부로서의 눈의 망막 활동이 구상력(자아로서의 의지)을 통하여 색채를 인식한다는 논리를 가지고 있었다. 이것이 코페르니쿠스적 색채 생성이다. 왜냐 하면 눈이 색채를 만들어낸다는 것은 지금까지의 생각을 뒤집는 인식이기 때문이다.

한편 슈타이너는 자연의 물리적 현상보다는 인간의 내면을 이해하는 것이 가능한지에 대해 많은 의문을 갖고, 여기에 모든 관심을 쏟았다. 따라서 그는 인간을 이해하는 인식을 다음과 같은 단계―대상의 감각을 지각하는 단계, 의미를 찾아 혼으로 발전하는 단계, 의식의 혼과 자아가 생성되는 단계, 그리고 초감각성의 생성 단계—로 구분 짓고, 이를 구체적으로 몸(육체), 에테르체(생명체로서의 식물), 아스탈체(의식이 있는 동물과 인간), 그리고 자아(나)의 혼적 의식에서 영적 의식으로 변화하는 단계로 구분했다.

슈타이너는 이런 단계에서 생명체(에테르체)로서의 색채 현상, 의식을 갖는 인간의 혼적 생명체(아스탈체)로서의 색채 현상, 자아(나)의 직관으로 인식되는 색채 현상, 그리고 감각적으로 인식되지 않는 초감각으로 인식되는 색채 현상으로 이해했다. 여기서 슈타이너는 변치 않는 고유한 색채로 빨강, 파랑, 노랑을 들고, 검은색, 흰색, 녹색, 살색은 '상(像)'을 발생시키는 2차색으로 인식했다. 이런 색채 인식은 물리적 색채이론과는 다른 인간 본질에 바탕을 둔 색채 인식이라고 볼 수 있다.

비트겐슈타인 철학은 초기 『논고』의 그림이론에서 후기의 『탐구』의 게임이론으로 전환되었다. 『논고』에서는 '언어와 세계의 연결 고리를 찾는 것'이 주제가 되었고, 『탐구』에서는 '일상생활에서의 언어 쓰임', 즉 '철학은 이론이 아니라 활동이다.'는 이념에 따르고 있다. 결국 '일상생활에서 언어가 어떻게 쓰이고 있는가.'라는 질문, 즉 언어의 게임이론으로 발전하는 계기를 만들었다.

이러한 논리적 과정에 자주 등장하는 것이 색채 언어였다. 초기 이론에서 후기 이론으로 전환하게 만든 것 역시 색채 언어였다. 그만큼 비트겐슈타인의 철학에서 색채 언어는 중요한 위치를 차지하고 있다.

색채에 대한 비트겐슈타인의 관심은 우리가 사용하고 있는 언어가 어떤 대상을 표현할 때, 그 표현이 과연 정확한가에 대한 의문을 갖게 되었다. 이런 의문을 비트겐슈타인은 색채라는 언어를 통하여 해결하려 했다. 그만큼 색채 언어는 다양성을 갖고 있다. 예를 들면 우리가 생활하면서 언어 사용에 모순을 갖는 언어, 의미가 전달되지 않는 언어, 표현이 어려운 언어 등이 의외로 많다는 사실을 인식하고, 이를 색채라는 언어를 차용하면 쉽게 이해, 가능하다고 보았다.

이와같이 색채 언어에 대한 이해에도 불구하고 당시까지 언어 사용에 대한 논리적 모순을 극복하고자 색채 사용을 통한 다양한 측면, 즉 현상학적 측면에 이르기까지 언어 사용의 다양성을 색채 언어의 분석을 통하여 명확성을 찾으려 했다.

철학자 칸트의 인식론적 사고는 괴테에게 영향을 주었고, 괴테가 『색채론』을 쓰도록 만든 계기가 되었다. 괴테의 『색채론』은 헤겔, 쇼펜하우어, 슈타이너, 그리고 비트겐슈타인 등의 철학자에게 자연 자체보다는 자연현상 뒤에 가려진 원형현상에 관심을 갖도록 했다.

이들 철학자들은 색채 언어를 통하여 대상에 대한 인식의 다양성을 지각했다.

후기

　철학을 체계적으로 학습하지 못한 상태에서 철학자의 색채사상을 논하는 것은 애당초 무리였다. 그래서 철학적 사고 이전에 색채라는 언어를 그림으로 연계시키면서 '그림은 색채다.'라는 생각에서 출발했다. 다시 말하면 철학적 사고로 그림을 대하기보다 색채 사용이 철학적 사고로 이어질 수 없을까하는 역발상이었다.
　이러한 생각은 오랫동안 그림을 그린 경험적 시간이 머리에 각인되어, 그림그리는 행위가 단절되어도 그림에 대한 의지, 즉 색을 칠해 보고 싶다는 잠재적 의지의 발로였다. 하지만 무엇을 어떻게 그릴까하는 방향은 보이지 않았다. 그러므로 단순히 따라 그리는 행위에서 벗어나 색채에 대한 이론으로 전환되었고, 다시 색면을 실험하는 단계로 이어졌다.
　하지만 색면 실험에 대한 근거가 보이지 않았다. 따라서 철학자는 색채를 어떻게 생각하고 있을까에 관심을 가졌다. 이런 관심이 지속했다고 해서 색채를 철학적 관점에서 고찰하기에는 많은 한계에 부딪혔다. 왜냐하면 철학에 대한 언어의 해독, 논리적 사고, 그리고 자연과학적 실험 등 끝도 없는 미진함에 자괴감이 들었다.
　따라서 모든 조건이 선행되어야 한다는 틀을 깨고 아주 기초적인 문제, 즉 색채는 무엇이고 어떻게 생성되는가라는 개념 문제를 시작으로, 앞선 연구자의 색채사상을 이해하고, 이를 저자의 견지에서 서술하는 형식을 취했다. 다시 말하면 색채에 대한 필자의 철학적 사고가 아닌 철학자의 색채 언어에 대한 관심이었다. 하지만 끝도 없이 펼쳐지는 '색채의 철학적 세계'에 두 손을 들고, 철학자의 색채관을 이해하는 것만으로 만족해야 했다.
　따라서 이 책의 제목을 '색채철학'으로 하고 싶었지만, '철학자의 색채사상'으로 바꿨다. 여기서는 철학자의 색채 언어를 살펴보고, 이를 바탕으로 색채에 대한 인식을 새롭게 하고자 했다. 이 책은 필자의 논문(참고문헌 2의 「색채 관련 논문」 참조)을 근간으로 수정, 보완했다.

  마지막으로 이 책을 출판하도록 배려한 한음출판 최장호 대표님에게 감사하고, 이 책을 처음부터 끝까지 읽어준 최윤호와 표지 디자인에 참여한 김병민, 김미루에게도 감사하다.

2019년 12월 1일
저자

참고문헌 및 주요 색채 관련 연구서

1. 철학자의 색채 관련 연구서

- 괴테, 『색채론』(괴테 전집 제12권), 장희창 역, 민음사, 2003/ゲーテ, 『色彩論』(ゲーテ全集·14), 木村直司 外訳, 潮出版社, 1997/ヨーハン·ヴォルフガン·フォン·ゲーテ 著, 『色彩論Ⅰ』(教示編·論争 編), 高橋義人·前田富士男 訳, 工作舎, 1999
- 비트겐슈타인, 『색채에 관한 소견들』, 이영철 옮김, 필로소픽, 2019/ヴィトゲンシュターイン, ルードヴィッヒ, 『色彩について』, 中村 昇 訳, 新書館,1997/Ludwig Winttgenstein, 『Remarks on Color』, G.E.M. Amscombe ed., University of California Press, 1997
- 루돌프 슈타이너, 『색채의 본질』, 양억관/타카하시 이와오 옮김, 물병자리, 2000/シュタイナー, 『色彩の本質』, 高橋巖 訳, 2000/シュタイナー, 『色彩の秘密』, 色彩の本質 秘教篇, 西川隆範 訳, イザラ書房, 1995
- ショーペンハウアー, 『視覚と色彩について』(ショーペンハウアー全集·1), 生松敬三 外訳, 白水社, 1975
- W.ハイゼンベルク, 『自然科学的世界像』(現代物理学に照らして見たゲーテの色彩論と ニュートンの色彩論), 田村松平 訳, みすず書房, 昭和28年(1953)
- 村田純一, 『色彩の哲学』, 岩波書店, 2002
- シュタイナー, 『色と形と音の瞑想』, 西川隆範 訳, 風濤社, 2001
- シュタイナー, 『ゲーテの世界観』(色彩世界の考察), 溝井高志 訳, 晃洋書房, 1995

2. 색채 관련 논문

- 김동중, 「괴테에 있어서 양극성과 승화의 개념」, 독일문학 (제34권 제2호 통권 제51집), 한국독어독문학회, 1993
- 박병철, 「비트겐슈타인의 색채관」, 철학(제54집), 한국철학회, 1998
- 이승종, 「비트겐슈타인의 색채 개념 분석」, 철학연구(제38호), 철학연구회, 1996. 5
- 이승종, 「비트겐슈타인, 모순, 색깔」, 철학적 분석(제13호), 한국분석철학회, 2006

- 이영철, 「색채의 논리」(문법에 대한 비트겐슈타인의 고찰), 철학(제135집), 2018(여름), 한국철학회, 2018.5.31.
- 이윤민, 「시각 문화적 관점에서 본 괴테의 색채론」, 한국색채학회, 2007
- 장희창, 「괴테『색채론』의 구조와 그 현대적 의미」, 한국괴테학회, 1999(11)
- 장희창, 「생태적 관점에서 본 괴테의『색채론』」, 한국색채학회, 2006
- 조우호, 「괴테의『색채론』에 나타난 자연과학 방법론」, 한국괴테학회, 2011
- 최재석, 「괴테의『색채론』형성배경에 관한 연구」, 한국색채학회, 2008
- 최재석, 「괴테이후 색채에 대한 철학적 접근」, 한국색채학회, 2012
- 최재석, 「칸트의『판단력비판』에 나타난 색채 언어」, 한국색채학회, 2015
- 최재석, 「비트겐슈타인의 색채사상에 관한 연구」, 한국색채학회, 2015
- 최재석, 「쇼펜하우어의 색채사상에 관한 연구」, 한국색채학회, 2017
- 한대석, 「괴테의 색채론」(새로운 자연주의를 위한 시론), 한국동서철학회 (제89호), 2018.9.30.
- 村田純一, 「色彩の多次元性」(ゲーテとヴィトゲンシュタイン), ゲーテと自然科学(23), 2000
- 村田純一, 「色彩の多次元性」(生態學的現象學への試み), 思想(NO.970), 岩波書店, 2005.2
- 高橋義人, 「現象か法則か―自然の表情学としてのゲーテ色彩論」, 思想(no.906), 岩波書店, 1999.12
- 加藤尚武, 「ヘーゲルの個體論とゲーテの色彩論」, ヘーゲル哲學研究(Vol.19), 日本ヘーゲル學會 編, 2013
- 小島優子, 「ゲーテ『色彩論』のヘーゲルに對する影響」, 上智哲學誌, 上智大學大學院哲學研究所, 2003(15)
- 酒井 剛, 「ショーペンハウアーの超越論的色彩論」, 理想(第676号), 2006
- 酒井 剛, 「眼と構想力」(ショーペンハウアー色彩論), ゲーテと自然科学(26), 2004
- 酒井 剛, 「ショーペンハウアー研究」(視覚と色彩について), 色彩研究(10), 日本色彩研究所, 2005
- 柴山英樹, 「シュタイナーの色彩に関する思想的な考察」, 近代教育フォーラム編(14), 2005
- 石塚正英, 「関係論としての色彩論」(ニュートン・ゲーテ・ヴィトゲンシュタイン),

東京電気大学/総合文化研究(第3号), 2005

3. 괴테의 저서 및 색채 관련 연구서
- 괴테, 『시와 진실』, 김훈 옮김, 혜원출판사, 1996/괴테, 『시와 진실』(상·하), 박환덕 옮김, 범우사, 2006/괴테, 『나의 인생 시와 진실』, 최은희 옮김, 동서문화사, 2007/ 괴테, 『괴테 자서전 : 시와 진실』, 전영애 옮김, 민음사, 2009/괴테, 『시와 진실』(1·2), 박광자 옮김, 부북스, 2014
- 괴테, 『이탈리아 기행』(1·2), 박찬기 옮김, 민음사, 2005
- 괴테, 『예술론』, 정용환 옮김, 2008
- 요한 페터 에커만, 『괴테와의 대화』(1·2), 장희창 옮김, 민음사, 2014/요한 페터 에커만, 『괴테와의 대화』, 곽복록 옮김, 동서문화사, 2007
- 김연홍, 「괴테의 자연 개념」, 독일문학(제43권 제1호 통권 제81집), 한국독어독문학회, 2002
- 임재동, 「괴테의 유기체적 양식」, 한국괴테학회(정기총회 강연 원고), 2000

4. 색채 관련 연구서
- 만리오 브루자틴, 『색 역사와 이론을 중심으로』, 이수균 옮김, 미진사, 1996
- 다케우찌 도시오, 『미학 예술학 사전』, 안영길 역, 미진사, 2003
- 金子隆芳, 『色彩の心理學』, 岩波新書, 1988
- J.J.ギブソン, 『生態学的視覚論』, 古崎敬 外 共訳, サイエンス社, 2005
- ニュートン著, 『光學』, 島尾康 訳, 岩波文庫, 1983(Newton, I. Optics, New York, 1979)

5. 철학 관련 연구서
- 헤르더, 『인류의 역사철학에 대한 이념』, 강성호 옮김, 한길사, 2003
- 아우구스티누스, 『고백론』, 김평옥 옮김, 도서출판 범우, 2012
- 김대권, 「빙켈만과 베르더의 그리스관」, 한국괴테학회, 2006

- 강성호,『헤르더의 사상에 나타난 '총체적' 역사 인식』, 史叢(40), 高大史學會, 1992
- バウムガルテン,『美學』, 松尾 大, 玉川學園 出版社, 1989
- 渡辺二郎,『芸術の哲学』, ちくま学芸文庫, 2007
- 杉山卓史,「ヘルダーの共通感覚論」, 美学 第57卷(225), 2006
- ディルタイ,『論理学·心理学論集』(ディルタイ全集 第3卷), 法政大学出版局, 2003

6. 칸트 관련 연구서
- 칸트,『판단력비판』, 이석윤 역, 박영사, 1996
- 임마누엘 칸트,『판단력 비판』, 백종현 옮김, 아카넷, 2009
- 임마누엘 칸트,『순수이성비판』(1·2), 백종현 옮김, 아카넷, 2009
- 랄프 루드비히,『순수이성비판』, 박중목 옮김, 이학사, 2008
- 백종현,『인간이란 무엇인가』, 아카넷, 2019
- W.O. 되어링,『칸트철학입문』, 김용정 옮김, 도서출판 중원문화, 2012
- D.W.크로포드,『칸트 미학 이론』, 김문환 옮김, 서광사, 2003(Donald W. Crawford, Kant`s aesthetic theory, Madison : University of Wisconsin Press, 1974)
- カント,『純粋理性批判』(上·下), 宇都宮芳明 訳, 平凡社, 2005
- カント,『判断力批判』(上·下), 原佑 訳, 以文社, 1994
- カント,『判断力批判』(上·中·下), 牧野英二 訳, 岩波書店, 1996

7. 헤겔 관련 연구서
- 헤겔,『헤겔미학』(Ⅰ), 두행숙 옮김, 나남출판, 1997
- G.W.F. 헤겔,『정신현상학』(1·2), 임석진 옮김, ㈜ 도서출판 한길사, 2005
- 게오르크 빌헬름 프리드리히 헤겔,『헤겔의 자연철학』(1·2) (철학적 학문의 백과사전 강요 제1부, 제2부), 박병기 옮김, (주) 나남, 2008
- 가토 히사다케,『헤겔사전』(헤겔상세연보), 이신철 옮김, 도서출판 b, 2009
- 이동희,『헤겔과 자연』, 제우스, 2006
- 헤겔,『피히테와 셸링 철학체계의 차이』, 임석진 옮김, ㈜지식산업사, 1989
- 윤병태,『삶의 논리』(헤겔『대논리학』의 객체성과 이념론 분석), 용의 숲, 2007

- 게르하르트 감,『독일관념론』(피히테, 헤겔, 셸링 철학 입문), 이경배 옮김, 용의 숲, 2012
- 강순전,『정신현상학의 이념』, 세창출판사, 2016
- 하우드 P. 케인즈,『헤겔철학의 현대성』, 이명준 옮김, 문학과 지성사, 1998

8. 쇼펜하우어 관련 연구서
- 아르투어 쇼펜하우어,『충족이유율의 네 겹의 뿌리에 관하여』, 김미영 옮김, 나남출판사, 2016
- 아르투어 쇼펜하우어,『의지와 표상으로의 세계』, 권기철 옮김, 동서문화사, 2016

9. 슈타이너 관련 연구서
- 루돌프 슈타이너,『신지학』(초감각적 세계의 인식과 인간의 본질에 관한 연구), 양억관/타카하시 이와오 옮김, 물병자리, 2006
- 루돌프 슈타이너,『초감각적 세계 인식』, 양억관/타카하시 이와오 옮김, 물병자리, 2006
- 슈타이너,『루돌프 슈타이너 자서전』(내 인생의 발자취/루돌프 슈타이너 전집 인지학·2), 장석길/루돌프 슈타이너 전집발간위원회 옮김, 한국인지학출판사, 2018
- 實松宣夫,「超感覺的世界の認識とそれを可能にする道德性について」, 硏究論叢, 山口大学教育学部, 1992. 12
- シュタイナー,『シュタイナー自伝』(Ⅰ), 伊藤勉 訳, 人智学出版社, 1990
- 西平 直,『シュタイナー 入門』, 講談社 現代新書, 1999
- フランシス·エドマンズ,『考えることから 生きることへ』, 中村正明 訳, 麗澤大學出版社, 2005/Francis Edmunds,『From Thinking to Living, The Work of Rudolf Steiner』, 1990)
- シュタイナー,『藝術と美學』, 西川陵範 訳, 平河出版社, 1989
- シュタイナー,『芸術の贈り物』, 高橋巖 訳, 筑摩書房, 2004
- シュタイナー,『自由の哲学』, 高橋巖 訳, ちくま学芸文庫, 2009
- シュタイナー,『ゲーテ的世界觀の認識論要綱』, 浅田 豊 訳, 筑摩書房, 1992

- シュタイナー,『人智学・心智学・霊智学』, 高橋巖 訳, ちくま学芸文庫, 2007

10. 비트겐슈타인 관련 저서
- 박영식, 비트겐슈타인 연구 (『논리철학논고』의 해명), 현암사, 1998
- 루트비히 비트겐슈타인,『철학적 탐구』, 이승종 옮김, 아카넷, 2016
- 이승종,『비트겐슈타인이 살아있다면』(논리적 탐구), 문학과 지성사, 2000
- 레이 뭉크,『How to Read 비트겐슈타인』, 김경화 옮김, 웅진지식하우스, 2005
- R.M 화이트,『비트겐슈타인의 '논리철학론' 이렇게 읽어야 한다』, 도서출판 서광사, 2006
- 박병철,『비트겐슈타인』, 도서출판 필로소픽, 2014
- 비트겐슈타인,『논리철학논고/철학탐구/반철학적 단상』, 김양순 옮김, 동서문화사, 2015
- 비트겐슈타인,『문화와 가치』, 이영철 옮김, 책세상, 2006
- 이영철,『논리철학논고』, 책세상, 2006
- 이영철,『비트겐슈타인의 철학』, 책세상, 2016
- ウィトゲンシュタイン, ルードヴィッヒ,『論理哲学論考』, 木村洋平 訳, 社会評論社, 2007

11. 원형현상 관련 연구서
- 高橋義人,「カントとゲーテ(根本現象について」, 芸文研究(第30号), 1971

12. 색채 관련 영문서
- Alex Byrne and David R.Hilbert ed., Readings on Color(Volume 1 : The Philosophy of Color), The MIT Press, 1997
- Christopher Peacocke, Colour Concepts and Colour Experience)
- Jonathan Westphal, Colour : A Philosophical Introduction (Aristotelian Society Series Volume 7), Basil Blackwell, 1987

- Harles A. Ⅱ COLOR CODES(Modern Theories of Color in Philosophy Painting and Architecture, Literature, Music, and Psychology), University Press of New England, 1995
- Paul.F.H.Lauxtermann, Schopenhauer`s broken world-view : colour and ethics between Kant and Goethe, Dordrecht Boston, Kluwer Academic, Publishers, 2000
- C.L.Hardin, Color for Philosophers, Indianapolos, Hackett, 1988
- Israel Knox, The Aesthetic Theories of Kant, Hegel, and Schopenhauer, Lodon : Thames and Hudson, 1958

| 저자소개

최재석(崔在錫)

한라대학교 건축학과 교수, 공학박사/건축사
저자는 충북 보은/수한에서 태어나, 홍익대와 요코하마국립대 대학원을 졸업했다. 대학원 석·박사과정에서 「더 스테일」의 조형 및 색채이론을 연구했다. 도쿄예술대 대학원 객원 연구교수로 있으면서 철학자의 색채사상을 접했다. 이를 계기로 몇 편의 색채 논문(괴테의 「색채론」 형성 배경 등)을 썼다. 저서로는 『더 스테일』, 『네덜란드 근대건축』, 『집과 삶』, 『원주 근대건축을 찾아서』, 『원주 도시환경이야기』가 있고, 역서로는 『건축의 현대사상』, 『공간과 인간』, 『네덜란드 근대집합주택』이 있다. 현재는 괴테의 자연이념을 색면으로 표현하는 실험을 하고 있다.

철학자의 색채사상

펴낸날	2019년 12월 27일 초판 1쇄 인쇄
	2019년 12월 30일 초판 1쇄 발행
지은이	최재석
펴낸이	최장호
펴낸곳	한음출판
출판등록	제2017-000279호
주소	(04167) 서울시 마포구 마포대로 33
	한화오벨리스크 오피스텔 1306호
전화	02-703-3411
팩스	02-704 -3411
전자우편	haneumbooks@naver.com
블로그	blog.naver.com/haneumbooks

값 13,500원

ISBN 979-11-965593-1-1 93100

ⓒ 최재석, 2019.

* 잘못된 책은 바꾸어 드립니다.

* 이 책은 저작권법의 보호를 받으므로 무단 전재와 복제를 금합니다.

* 이 책의 전부 또는 일부를 이용하려면 사전에 한음출판의 동의를 받아야 합니다.